汉语言文学基础与教学研究

马 荻 李红梅 著

中国商业出版社

图书在版编目（CIP）数据

汉语言文学基础与教学研究 / 马荻，李红梅著 .
北京 : 中国商业出版社，2024. 11. -- ISBN 978-7
-5208-3181-9

Ⅰ . H19

中国国家版本馆 CIP 数据核字第 2024BC4038 号

责任编辑：石胜利

策划编辑：王　彦

中国商业出版社出版发行
（www.zgsycb.com 100053 北京广安门内报国寺 1 号）
总编室：010-63180647　编辑室：010-63033100
发行部：010-83120835/8286
新华书店经销
三河市天润建兴印务有限公司印刷
*
787 毫米 ×1092 毫米　16 开　10.5 印张　230 千字
2024 年 11 月第 1 版　2024 年 11 月第 1 次印刷
定价：45.00 元
* * * *

前 言

汉语是我们日常生活和学习中必不可少的一部分，应用非常广泛，要将汉语言文学教学工作做精做好，必须融入现代化教育思想。教师需要改变传统“一言堂”式教学，从多个方面对教学内容和教学方法进行设计，并不断优化创新，才能更好地应对新形势下给汉语言文学教育教学带来的挑战。汉语言文学教学的创新顺应了新课程的改革，极大程度地激发了学生的课堂兴趣，更深入的研究文学。学生在课堂学习中能够不断积累文学知识，提升自身的文学素养，同时，也进一步推动了汉语言文学教学水平上升到更高的台阶。

面对新的发展趋势，汉语言文学教学活动，必须进行优化创新，明确课堂教学目标，教学内容要根据学生的学习情况和学习习惯等方面进行设计。同时，随着现代社会的不断发展，对学生语言组织能力和写作能力提出了更高的要求，因此，教师在进行汉语言文学教学时，要不断地探索新的教学形式，丰富课堂教学，并提升学生对文学知识的积累，将汉语言文学的教学价值充分落实到实际教学中来。不仅如此，汉语言文学更多地融合了传统文化和历史文化等各方面知识，因此教师要加强学生对这些方面知识的理解，并运用到实际写作和生活中，从而更好地培养学生的核心素养和全面素质。教师在教学过程中，要将现代教育思想渗透到教学中，培养学生的审美能力和实践能力。

本书由马荻、李红梅撰写。刘金花、邓雁平、王爱华、黄蓉、成燕、杨小青、高虹敏、王小巧、罗娟、潘海玲参与了本书的整理和校对工作，在此表示感谢。

本书共包括十章。第一章语言的概述，包括语言与共同语、语音、语汇与语法、语言的符号与运用技巧。第二章介绍了汉语的研究背景，包括汉语的历史与地位、从古代汉语到现代汉语、现代汉语概说及现代汉语规范化。第三章从作品与文学、世界与文学、作者与文学、读者与文学四个角度介绍，包括文学的审美接受、文学生产与文学消费、文学传播。第七章介绍了汉语言文学的教育现状，首先简单概述汉语言文学教育存在的问题、创新研究，然后介绍语文教育与汉语言文学教育，汉语言文学教育与人文素质教育，最后谈及汉语言文学专业的教育特点及应用性。第八章介绍了汉语言文学的教学模式，包括汉语言文学专业中现代汉语教学的新模式、开放教育模式下汉语言文学专业的教学改革、汉语言文学专业教学中的研究型学习模式、汉语言文学专业普通话教学中的翻转课堂模式、“互联网+”时代下汉语言文学教学新模式、后现代教学观照下的汉语言文学教学模式。第九章介绍了汉语言文学的教学方法，包括汉语言文学审美教学方法、新媒体环境下汉语言文学教学、高校汉语言文学专业教学方法以及汉语言文学教学方式的革新。第十章论述了汉语言文学教学的实践应用，包括信息技术、微课、慕课、汉语言文学以及传统文化在汉语言文学教学中的应用。

内容简介

本书《汉语言文学基础与教学研究》从语言与汉语的相关研究入手，对语言、现代汉语、语汇、语法等概念和现代汉语的发展情况进行了概述，本书分别讲述了汉语言的文学本质、文学作品论以及有关汉语言文学的创作基础、接受论、教育现状、教学模式、教学方法、实践应用，对汉语言文学教学工作具有较高的参考价值。

目 录

第一章　语言的概述

我们每个人都离不开群体和社会，而我们在日常的生活、学习、工作中，必然要进行人际沟通以及社会交往，就必须要用语言与他人沟通。语言是人类交际沟通必不可少的工具，但一个民族的内部，由于方言的存在，其成员要想顺利地交际沟通、传递思想，必须有一个标准统一的交际工具共同语。本章将对语言以及共同语等相关概念进行简要介绍。

第一节　语言与共同语

一、语言

要想学习现代汉语，就应了解什么是语言。

有人认为，语言就是我们说的话。这个观点虽然有一定的道理，但是并不准确。这个观点只考虑了语言在日常生活、工作中的运用，以及语言与人类千丝万缕的联系，但并没有从根本上回答“什么是语言”这个关键问题。

我们应从社会功能和内部结构这两个不同的角度来观察、认识语言的概念。

从社会功能的角度来看，语言是人类最重要的交际工具。

人类是高度社会化的动物，在社会生活中需要相互沟通、交流思想。因此，人类在劳动过程中创造了语言，并将语言作为表达和接受思想的工具。语言是人类相互联系的桥梁，没有语言，人与人之间就无法沟通，人类社会就如同一盘散沙。

语言还是人类思维存在的物质形式。思维不可能离开语言而独立存在。

虽然人类的语言多种多样，但是人类的思维形式一定会与某种语言形式相联系。这是因为，思维离不开具体的概念，思维必须在概念的基础上进行判断、推理以及综合分析，必然会运用与概念相联系的语言。由此可见，思维活动以及思维活动成果的传递和表达都离不开语言；哪里有思维活动，哪里就有语言。

社会是由经济基础和上层建筑构成的整体；语言是社会的产物，是社会特有的一种现象。语言的发展受社会制约，随着社会的产生而产生，随着社会的发展而发展，随着社会的消亡而消亡。总之，语言自始至终都与人类社会紧密相连，社会中的任何风吹草动，都会反映在语言中。可以说，语言的本质特性就是社会性。语言的社会性主要体现在以下几个方面。

第一，不同的民族有不同的语言。语言是区分不同民族的重要标志，不同的语言是各个民族选择不同的语音形式来表达某种意义的结果。语言是由一个民族的成员集体创造的，该民族的全体成员在人际交往的过程中应共同遵守其使用规范。

第二，同一个民族的语言具有不同的地方色彩。现代汉语中的湘方言、粤方言、闽方言、吴方言等的不同特点，尤其是语音的差别，只能从社会角度加以解释。

第三，语言随社会的变化而变化，随社会的发展而发展。不具有社会性的事物不可能对社会的变化与发展这样敏感。例如，随着电视、电影、电脑、光盘这些事物的出现，语言中也相应地增加了“电视”“电影”“电脑”“光盘”这些新词以适应社会需求；而山峦、河流、植物等事物则不会因社会发展而主动做出改变。

第四，虽然人类具有使用语言的能力，但是人类必须经过学习才能掌握某种语言。语言的习得与社会密切相关，如一个在美国长大的中国人能熟练地运用英语，以及一个在中国长大的非洲孩子能熟练地运用汉语就是由社会环境造成的。

从构成特点来看，语言是一套音义结合的符号系统。符号是指代某种事物的标记、记号；语言符号则是指由一个社会的全体成员共同约定的用来表示某种意义的标记和记号。

符号必须具备三个条件：一是具有外在的形式。符号只有具有外在的形式才能让人感知到它的存在，如声音、色彩、线条等。二是代表一定的意义。符号只有在代表了一定的意义时才有存在价值。三是得到社会成员的认可接受。符号只有在得到所有社会成员认可的情况下才能传播开来，才能在全社会中广泛使用。例如，教师在学生的作业本上打一个“√”表示正确，打一个“×”表示错误，此时的“√”“×”具备符号的三个构成条件，是真正意义上的符号；学生在教科书上随意画的“√”“×”，由于不具备符号的三个构成条件，故不属于符号。

语言符号与一般符号之间存在很多区别。首先，语言符号是声音和意义的结合体。语言符号的形式是声音，即语音，而不是色彩、线条等形式。其次，一般符号的构成比较简单，而语言符号的构成非常复杂，可以分为音位层和符号层，每一个层次都包括相当数量的符号单位。再次，一般符号构造简单，因而只能表达有限的内容，而且这种内容是简单而固定的。例如，交通信号灯，红灯亮表示停止前进，绿灯亮表示可以通行；古代战场上，击鼓表示进攻，鸣金表示收兵，在烽火台上放火表示敌人正在靠近；现代军营还用号声表示起床、休息等。语言符号则可以表达丰富多彩的意义，人类的种种复杂思想都可以通过语言表达出来。例如，可以用“死亡”“逝世”“殉职”“就义”“牺牲”“停止呼吸”“心脏停止跳动”“驾鹤西归”等词语表示不同身份的人死亡。最后，语言符号具有以少驭多的生成机制以及生成新结构的能力，具有生成性和开放性的特点，可以由较少的单位组合成较多的，甚至无穷的单位，还可以由一个句型类推出无数的句子，这也是我们能够通过学习来掌握一门语言的原因。可以说，以少驭多是语言符号的核心。

根据上述内容，我们可以总结出：语言是人类最重要的交际工具和思维工具，是社会成员共同约定创造的、音义结合的符号系统，是人类社会特有的现象，是高度社会化的产物。

人类可以通过两种方式运用语言，一是声音形式，二是书面形式。口语和书面语都是语言存在的具体形式。

二、共同语

同一个事物在不同地区有不同的名称，如土豆又叫作“马铃薯”“山药蛋”，玉米又叫作“苞谷”“棒子”“珍珠米”，卷心菜又叫作“圆白菜”“莲花白”等等。职业的分工也会形成一些特殊的词语，如军事中的“战争”“战役”，体育中的“扣篮”“灌篮”等。

共同语是一种在方言的基础上建立起来的一个民族或一个国家通用的语言。共同语是在社会打破地域隔阂、走向统一时出现的，是一种语言的高级形式，具有人们共同遵循的标准和规范。我们现在使用的普通话就属于共同语。

人类社会在不断地发展，当社会发生分化，语言也会发生分化；当社会高度统一，语言也会统一。在一个统一的社会，地域方言或语言间的分歧会妨碍人们在全社会范围内进行交际。例如，一个说粤方言的人和一个说闽方言的人，彼此都完全听不懂对方说的话。这种状况不仅不利于巩固社会统一，也不利于经济文化建设。因此，人们需要以共同语作为交际的中介语。共同语是为了顺应社会需求而出现的，是一个国家或民族发展到一定阶段的必然产物。

共同语作为语言的一种高级形式，具有特殊的地位。推广民族共同语，是为了消除方言之间的隔阂，而不是为了禁止和消灭方言。因此，方言和共同语会在较长一段时期内共存。方言是地域文化的载体，在一定的地域范围内具有较大的影响。方言不能用人为的力量消灭，但随着社会政治、经济、文化的发展，其影响会逐步减弱，使用范围会逐步缩小。

第二节　语音

一、语音及其性质

我们在和别人交往的时候，免不了要使用语言来交流。人与人之间能够在口头上交流都是语音的功劳。语音是什么？它有哪些特点？如何学习普通话语音？下面将主要解答这三个问题。

语音串按照一定的规律组合排列，并且代表一定的意义内容。我们的听觉会感知到语音声波，然后大脑会翻译这些语音，将感知到的语音还原为语句，使我们能够理解别人说话的内容。在这个过程中，语音起到了至关重要的联系作用。

语音是由人的发音器官发出的声音，代表一定的意义，是语言得以存在的物质形式。也就是说，语音是语言的寄托，是语言的外表。世界上的任何事物，都是由形式和内容两个方面构成的。内容是事物存在的依据，形式是事物的外在显示。物质世界千姿百态，每种事物都有自己的形式。通过这样多姿多彩的形式，我们才能感知事物的存在，才能区分不同的事物。

需要注意的是，不同的语音所表达的意义也不相同。因此，我们在说话时要正确地使用语音，否则就不能更准确地表达我们的思想，还会引起他人的误解。

认识语音，首先要认识语音的基本特点。语音具有物理性质、生理性质和社会性质三种属性。

（一）语音的物理性质

自然界的各种声音是由物体产生振动而形成的，这个产生振动的物体就是发声体。发声体振动会带动物体周围的传声介质发生振动，从而形成声波传入我们的耳朵，引起听觉神经的反应。我们可以用水波来比喻声波，当我们向平静的水面投掷一块石头时，水面会出现一圈圈的波纹，并迅速向四周扩散，离中心越远的波纹越弱。声音也是这样，我们听到的声音大小同我们与发声体的距离有很大关系。

每种声音都有长短、强弱、高低、品质。我们可以通过音调、音强、音色这三个要素来具体认识语音的物理特点。

1．音调

音调指声音的高低，由发声体振动的频率决定。发声体振动的频率越高，音调就越高。例如，在相同的时间内，一个物体的振动频率是 100 次，另一个物体的振动频率是 60 次，那么振动 100 次的物体就比振动 60 次的音调高。汉语的声调就是由音调变化形成的，由此可见，音调具有区别意义的作用。语音的音调不同于音乐的音调，语音的音调是指相对音调，是一个人的发声体在特定频率范围内的音调；而音乐的音调是指绝对音调，如在合唱时，无论男女老幼，所有人的音调必须一致。

2．音强

音强是指声音的强弱，由发声体振动的幅度（振幅）和离声源的距离决定。音强与发音的振幅有关系，振幅越大，音强就越强；振幅越小，音强就越弱。人和声源的距离越小，音强越大。在声音嘈杂的场所，我们需要用力说话才能使他人听到说话的内容；在不想让除听话人以外的人听到说话内容时，则会对听话人耳语。词语和语句中的轻重音就是由音强决定的。

我们要注意区分音调和音强。音调取决于物体的振动频率，即在单位时间内物体振动的次数，音强取决于声波振动的幅度和距离，振幅越大、距离越近，音强就越强。例如，音乐中的中音 5 和中音 1，由于它们发音时的振动频率不同，不会因为发音振幅而改变音调。

3．音色

音色是指声音的个性特色，也称为“音质”，声音的特色是由声波振动的形式决定的，不同的发声体、发声方法、发声时共鸣器的形状，会形成不同的音色。例如，琵琶和二胡的音色不同，是因为它们的发音方法不同，琵琶是手指弹拨，二胡是使用弓摩擦弦发声。语音中的音素 i 和 a 都是口腔发音，但是不同的人的声带、口腔的开口度不同，共鸣器的形状不同，于是就发出了不同音色的声音。正是因为音色不同，我们才能根据声音判断出是谁在说话。

声纹学就是在语音物理属性的基础上建立起来的，其成果已经在现实生活中得到应用。由于人体结构的差异，每个人的音色都不一样，就像人的指纹一样，具有独特性。通过一个人的音色，甚至可以判断出他的高矮、胖瘦、年龄、居住地域以及职业等。因此，机器可以通过比较声纹，从数以百万计的人群中找出一个人，这对刑事案件的侦破工作具有非常重大的意义。

（二）语音的生理性质

我们可以通过人体的发音器官来具体认识语音的生理性质。人体的发音器官根据发音功能，可以分为动力部分、发音部分和调节部分。

动力部分主要由肺和气管等呼吸器官构成。肺是发音的动力站，气管是输送气流的通道。我们在发音时，肺部的活动使气流经气管呼出，再经喉头、声带、口腔和鼻腔的调节，发出各种不同的声音。

发音部分指喉头以及内部的声带。喉头由几块可以活动的软骨构成，声带由两片富有弹性的薄膜构成。发音时，喉头的软骨会牵引声带，使声带或松或紧，或开或闭，从而发出不同的声音。

调节部分主要指口腔和鼻腔，是发音的共鸣器。口腔中的舌头非常灵活，能够前伸或后缩、平放或上翘，通过改变共鸣器的形状来调节气流，从而形成不同的音素。例如，口腔微开并保持开口度不变，舌头自然平放，发出的音素是 i；舌头略微后缩，双唇拢圆，发出的音素则是 u；口腔大开，发出的音素则是 a。

语音的物理性质和生理性质，合称语音的自然属性。

（三）语音的社会性质

语音的社会性质可以从两个方面来认识：第一，语音具有民族特征，不同民族的语言具有不同的特点。例如，汉语普通话中的 b 和 p 具有不同的作用，如果将 b 读成 p，表达的意思就会完全不同；而在英语中，将 b 读成 p 并不影响语义的表达。由此可见，同样的音素，在不同语言中的作用并不相同。第二，语音具有地方特征。同一种语言，在不同地域中的语音也会存在差异。例如，普通话中有舌尖后音 zh、ch、sh、r，而我国南方地区的诸多方言则没有这些音素。

二、语音单位

音素是从自然角度划分的最小语音单位；音位是从社会性质角度划分的具有区别意义作用的最小语音单位。音素和音位既有区别又有联系。从不同的角度来看，同一个语音单位，既可以是音素，也可以是音位。音位的划分必须以音素为基础，因为在一定的语境中，每个音位必须通过具体的音素形式才能表现出来。例如，普通话中的声母 b、p、m，从自然属性角度看是音素，从社会属性角度看是音位。

音位是对音素的概括和归纳。例如，普通话音节 ya、dai、jian、hao、hua 中的 a，从自然属性角度来看，由于受前后音素的影响，它实际上是五个不同的音素，在国际音标中需要用五个不同的符号来记录。

音节是语音的基本结构单位。在汉语中，我们可以非常容易地通过听觉分辨语音单位。例如，我们通过听觉能够非常自然地划分“学好普通话”这句话的五个音节。

音节是音素按照一定方式构成的，有些音节由一个音素构成，有些音节由元音和辅音构成。音素组合成音节在不同的语言中具有不同的方式，这正是语音社会属性的反映。例如，现代汉语普通话的音节中，只有鼻辅音 n 和 ng 可以出现在音节末尾，其他辅音只能出现在音节前面，更没有几个辅音连续出现的情况。而在英语中，辅音可以出现在音节前后，如 hat（帽子）、map（地图）；几个辅音也可以连续出现，如 stand（站立）、best（最好）。

（一）元音、辅音

根据音素的特点可以将音素分为元音和辅音两大类，我们可以从以下四个方面来具体认识元音和辅音的区别。

第一，受阻情况不同。元音是发音时呼出的气流不受口腔任何部位阻碍而形成的音素，如 a、u、i、o 等；辅音是发音时呼出的气流受口腔某个部位阻碍而形成的音素，如 b、p、d、t 等。

第二，声带振动情况不同。我们在发元音时，声带一定振动，声音响亮；在发辅音时，声带大多不振动，声音一般不响亮。

第三，气流强弱不同。我们一般在发元音时的气流较弱，在发辅音时的气流较强。

第四，发音器官状态不同。我们在发元音时，发音器官的各个部位都会保持紧张状态；在发辅音时，只有形成阻碍的部位会保持紧张状态。

（二）声母、韵母、声调

汉语音节根据其结构特点，一般分为声母、韵母和声调三个部分。

声母是一个音节最前面的辅音音素。例如，音节 kuai le（快乐）的辅音音素 k、l 就是声母。

韵母是指音节中除声母以外的其他音素，也就是位于声母后面的音素。韵母可以是一个音素，也可以由几个音素组成。例如，音节 kuai le（快乐）中的 uai 和 e 就是韵母。

声调是表示一个音节高低升降的调子。例如，在 tian shang（天上）这两个音节中，第一个音节的声调是比较平的平声，第二个音节是从高到低的降调。

在汉语音节中，充当声母和韵母的音素由音质变化形成，是音质成分；声调由音调变化形 1 成，是非音质成分。例如，音节 zhang，其声母是 zh，韵母是 ang，声调是阴平调。

普通话中有 21 个辅音声母、39 个韵母、4 个声调。在普通话语音系统中，声母和韵母可以构成 400 余个基本音节，还可以与 4 个声调构成 1300 多个音节，这反映了普通话语音单位组合众多的特点。同一类中的各个单位具有相同的组合功能。例如，舌面前辅音声母只能与同齐齿呼、撮口呼韵母组合，不能与开口呼、合口呼韵母组合；舌根音声母则相反，它只能同开口呼、合口呼韵母组合，不能同齐齿呼、撮口呼韵母组合。语音单位与语音单位的组合构成了语音系统。

第三节　语汇与语法

一、语汇

语汇，也叫作“词汇”。顾名思义，语汇是一种语言中词和语的总汇，如“汉语语汇”“英语语汇”“俄语语汇”等。语汇也可以指某一种特定范围词语的总汇，如“古代汉语语汇”“近代汉语语汇”“现代汉语语汇”

是指汉语的三个不同发展阶段所使用的词语的总汇，“吴方言语汇”“粤方言语汇”“官话方言语汇”是指现代汉语中三种不同方言的词语的总汇，“鲁迅语汇”“老舍语汇”“《红楼梦》语汇”是指一个作家或一部作品所使用的词语的总汇。

总之，语汇是一种语言中的词以及熟语的集合体，单个的词语不能称为语汇。有人常常把语汇和词语混为一谈，用语汇代称词语，如“我不理解这个语汇的意义”“读了这部小说我学会了好几个语汇的用法”，这是不正确的。

语汇是语言的重要组成部分，人们平常使用语言进行交际，无论是同时同地的口头交际，还是异时异地的书面交际，都离不开词语。如果说语言是一座大厦，那么语汇就是构成这座大厦的建筑材料。一个人掌握的语汇越多，对这些语汇的特点就了解得越细致，他在交际时选择词语的空间就越大，语言表达也就越生动。古今中外的著名作家，之所以能够写出动人的篇章，是因为他们掌握了丰富的语汇材料。

二、语法

语言作为社会成员相互之间表达思想的媒介，如果没有一套大家共同遵守的规则，就会出现五花八门的组合结果。例如，“在”“风景”“湖边”“看”“我”，可以组成“我在湖边看风景”“我湖边在看风景”“风景在湖边看我”“风景我看在湖边”“我风景湖边在看”等组合，但实际上我们只能看懂第一种组合。此外，不同的组合表达的意义差别非常大。例如，“三天锻炼一次”“一天锻炼三次”“一次锻炼三天”这三个句子，虽然都使用了相同的词语，但是词语的组合顺序不同，表达的意义也不同。以上三个组合遵循了语言单位组合的规则，这种大家共同遵守的语言单位组合规则就是语法。

语法规则贯穿于整个语言体系，如果没有语法规则，我们就无法把词语组织成语句，语汇中的词语就仿佛一盘散沙。语法就像一条看不见的红线，把单个的词语巧妙地穿成了句子来表达我们的思想。

任何一种语言都有其语法规则，每个语言使用者都必须遵守。语言规则是约定俗成的，任何人都不能破坏这种规则。因此，我们必须了解语法的相关知识，正确地使用语言。

语言结构可以分为不同的单位，从小到大排列依次为语素、词、短语、句子。这些单位可以按照一定的规则相互组合成更大的单位，如语素和语素组合成词、词与词组合成短语、词或短语组合成句子。

笔者在此以词的组合为例来说明在组合语言单位时，需要注意的三个问题。

（一）符合语法关系

组合词与词，必须注意词的语法特点、语法功能，弄清楚哪些词能搭配，哪些词不能搭配。例如，动词可带名词做宾语，但不及物动词不能带宾语。“我们示威敌人”就是一个病句，因为“示威”是不及物动词，不能带宾语；“枪声惊慌了战马”也是一个病句，因为“惊慌”是形容词，也不能带宾语。

将词与词组合成句子需要遵循以下四种基本的语法关系，这四种语法关系贯穿于各级语言单位的组合。

1. 陈述关系——太阳出来了。
2. 修饰关系——鲜艳的花朵。
3. 支配关系——阅读武侠书。
4. 补充关系——跑得非常快。

（二）符合事理逻辑

词与词的组合，必须符合常理，符合词语所代表的现实现象之间的实际关系。例如，我们可以说“吃米饭”“吃面条”“吃糕点”，但不能说“吃木头”“吃石子”“吃空气”，因为动作行为“吃”涉及的现实对象必须是可以吃的东西，“吃木头”“吃石子”“吃空气”违反了事理逻辑。我们可以将“月亮”与“圆”“缺”“明亮”组合，因为月亮本身具有这些现实特征；但不能将“月亮”与“香”“甜”“酸溜溜”等词语组合，因为月亮不具备这些现实特点。我们可以说“打破了瓶子”“打破了盘子”“打破了杯子”，但不能说“打破了老鼠”“打破了狐狸”，因为与“打破”搭配的对象必须是无生命的东西。我们可以说“摔断了手”“摔断了腿”“摔断了胳膊”，但不能说“摔断了脑袋”“摔断了皮肤”“摔断了眼睛”，因为“摔断”的对象一般是长条形的东西。

（三）符合语言习惯

语言中的某些习惯说法，可能不符合语法，也不符合事理，但已经约定俗成。这类说法不能用语法规则来分析，也不能用词义的语义联系来解释，它是一种特例，扩展了一个词的组合范围。

需要注意的是，习惯性说法是不能类推的。例如，我们可以说“养伤”“养病”，不能说“养感冒”“养癌症”；可以说“消除疲劳”，不能说“消除重病”。习惯说法虽然是语言中的特殊规律，但是我们不能因此否定词语组合的语法与逻辑限制。可以说，语法关系、语义联系、语言习惯，这三个方面是不同语言共同的组合要求。

第四节　语言的符号与运用技巧

一、语言的符号——文字

（一）文字的概念

文字有两种含义，一种是指用来记录语言的书写符号体系，另一种是指用文字记录的书面语言。我们一般所说的文字通常是指前者，即用点和线条构成的记录语言的书写符号体系。

文字是在有声语言的基础上出现的，是语言在书面上的符号。同所有的符号一样，文字符号也有能指和所指两个方面。其中，能指是文字的形式，由不同的点、线按一定方式组合而成的；所指是文字的内容，也就是语言，包括语音和意义。任何一种文字符号都是用来记录语言的，它既代表声音，又表示意义，必定要和语音、语义产生联系。例如，“女”和“马”可以构成“妈”，表示“母亲”的含义；英语用m、o、t、h、e、r这六个字母组成“mother”，表示“母亲”。由此可见，虽然不同的文字系统记录语言的方式不同，但都遵循了“文字依附于语言而存在”的原则。我们要正确运用文字，通过文字准确地传递信息。

文字记录语言最突出的作用是拓宽语言使用的空间范围，把属于听觉方面的有声语言符号凝固于书面，将其转变为无声的、视觉方面的符号，从而突破有声语言传递信息的时间和空间局限，延伸语言的功能，弥补有声语言在使用方面的不足。

（二）汉字

汉字是记录汉语的书写符号系统，是由汉民族在长期的生产实践中创造出来的。汉字是世界上最古老的文字之一，目前，在世界范围内发挥着越来越大的作用，具有旺盛的生命力。在我国历史上，契丹、党项、女真等少数民族模仿汉字创造了其独特的文字系统，从而形成了汉字文化圈，即曾用汉字书写并在文字上受汉字影响的区域，具体指以中国为主体，包括韩国、日本、东南亚诸国在内的使用汉字的国家。学习、了解、研究汉字，对于发扬汉字的优点，促进汉字的发展具有十分积极的意义。

世界上所有的文字，根据其记录语言的方式，可以分为拼音文字和非拼音文字两大类。英文、德文、法文等都属于拼音文字，它们的语音与字形结构具有对应关系。汉字属于非拼音文字，它的字形结构与所记录音节中的音素没有对应关系。无论是记录语言的方式，还是自身的构造形式，汉字都不同于其他文字体系。

汉字的神奇之处还在于，它能够在书面语上统一不同的方言。这种功能在无形中维护了汉语的统一，可以说是汉字对汉民族文化发展最独特的一大贡献。

汉字结构的独特内涵形成了许多有趣的汉字文化现象，最典型的莫过于书法和篆刻这两种享誉国内外的汉字艺术。将文字做成艺术品，是在世界范围内都少有的文化现象。对偶、顶真、回环、析字、互文等，都是汉语独有的修辞格。将“月冷霜华洁影芳花”这八个字的首尾相接，排列成一个圆圈，可以读出四言、五言、六言、七言诗各32句，共128句。例如，“月冷霜华，洁影芳花；冷霜华洁，影芳花月……”“月冷霜华洁，洁影芳花月；冷霜华洁影，影芳花月冷……”“月冷霜华洁影，洁影芳花月冷；冷霜华洁影芳，影芳花月冷霜……”“月冷霜华洁影芳，洁影芳花月冷霜；冷霜华洁影芳花，影芳花月冷霜华……”等等。

1. 汉字的特点

认识汉字的特点，有助于我们正确地使用汉字。汉字的特点主要有三。

第一，在语音上代表音节，一个汉字是一个音节。第二，汉字在意义上代表语素，绝大部分汉字表示语素，具有独立的读音和意义；只有少部分汉字必须把几个汉字组合起来才具有意义，这类汉字被称为联绵字，如“葡萄”“枇杷”“妯娌”“蹁跹”“窈窕”等。第三，从内部结构来看，汉字具有理据性，包含丰富的汉民族文化信息。大部分汉字的结构成分都与字音或字义有联系，我们甚至可以通过汉字的内部结构来分析古代的风俗、社会发展、认识水平等。例如，“贺”“资”“贷”这些与经济活动有关的汉字，都使用了“贝”字旁，反映了古代汉民族采用贝壳充当货币的历史。此外，从形体来看，汉字具有明显的方块特征，属于方块平面型文字。当然，汉字的这些特点是和拼音文字相比较而言的。

拼音文字的字母组合一般是单向行进的，或从左到右，或从右到左，或从上到下，以一个词中音素组合的先后顺序来排列字母，具有线性特点，并且由于一个词的音素数量不一，同形长度各不相同。汉字的笔画、偏旁则是多向行进的，时左时右，时上时下，或左右上下同时多向展开。汉语独有的对偶关系，与汉字结构的这个特点不无关系。

2. 汉字的结构单位

汉字的结构单位可分为笔画和偏旁两种。笔画是构成汉字字形的各种点和线，是构成汉字字形最小的、最基本的结构单位。除了“一”“乙”这种一笔构成的汉字以外，绝大多数的汉字由许多不同的笔画构成，如“毛”“手”“王”“都”“郭”“部”等。据统计，大部分汉字的笔画在 6 ～ 12 画，现代常用汉字的平均笔画在 10 画左右。

不同笔画呈现出的不同形状被称为笔形。点、横、竖、撇、捺是构成汉字形体的最基本的五种笔形，汉字“术”可以作为这五种笔形的代表。基本笔形运笔方向的改变和相互之间的联系，又产生了提、折、钩这三种笔形，“刁”字可作为这三种笔形的代表。点、横、竖、撇、捺、提、折、钩是构成现代汉字的八种主要笔形。这八种主要笔形在具体运用中又衍生出许多变化笔形，例如钩，有竖钩、斜钩、弯钩、卧钩等。

以笔画为直接单位组合而成的汉字叫作独体字，其结构是一个整体，无法分开，如“人”“手”“毛”“水”“土”“本”“甘”等字。独体字大多来源于古代的象形字和指事字，笔画形状及笔画组合因字而异，不能类推。初学汉字的人感到汉字难学，与此不无关系。独体字在整个汉字系统中的数量并不是很多，但所占的地位十分重要，绝大部分是合体字的构成部件，构字能力极强。例如，以“木”为偏旁的现代常用汉字就有 400 多个，以“口”“人”“日”“土”“王”“月”“马”“车”“贝”“火”“心”“石”“目”“田”“虫”“米”“雨”为偏旁的汉字也相当多。独体字可以说是汉字系统的核心。掌握这些常用的独体字后再学习其他汉字的难度会大幅降低。

绝大部分汉字可以分出两个以上的基本构成单位，这种构字的基本单位被称为偏旁。偏旁由笔画构成，是比笔画大的构字单位。例如，“思”“鸣”“需”“穿”等字就是由两个偏旁构成的。每个偏旁的名称以及在字中的位置一般是固定的。为了便于说明，人们还根据偏旁在字中位置的不同，给各个偏旁设定了不同的名称：偏旁在上的称为“头”，如草字头（“花”“苗”）、八宝盖头（“家”“安”）；偏旁在下的称为“底”，如心字底（“态”“怨”）、皿字底（“盂”“盅”）；偏旁在左右的称作旁，如竖心旁（“情”“恨”）、单人旁（“仁”“们”）、提手旁（“拉”“推”）、立刀旁（“刘”“剃”）等。学习汉字要注意区分易混偏旁，如衣字旁（“衬”“衫”）和示字旁（“祈”“祷”）、建字底（“建”“延”）和走字底（“边”“辽”）、草字头（“菅”“芋”）和竹字头（“管”“竽”）等。

现代汉字的偏旁最初也是一个独立的字，但经过汉字字体的发展演变，有些偏旁的形体发生了很大的变化，已不能独立成字，只是作为构字要素存在于汉字系统中。例如，“水”“心”“手”在“浪涛”“惭愧”“推拉”等汉字中，分别变成了三点水、竖心旁、提手旁。

根据偏旁在字中的意义作用，现代汉字的偏旁可分为表义偏旁、表音偏旁、记号偏旁三种类型。其中，表义偏旁是指表示字义特征、类属的偏旁，它表示一个汉字所属类别的意义，而不表示具体的意义，如“鸠”“鹏”“鹄”中的“鸟”。表音偏旁是指表示字音的偏旁，如“湖”“蝴”“糊”中的“胡”，从现代汉字的角度来看，有些表音偏旁已经失去了表音的作用，但它们仍然属于表音偏旁，如“治”“怡”中的“台”。记号偏旁是指汉字中与字音和字义没有任何关系的偏旁，它们的主要作用是区别字形。记号偏旁是汉字在发展演变过程中通过改造原来的表音偏旁和表义偏旁而形成的，这些偏旁的笔画结构比原来的偏旁要简单许多。例如，“欢”“汉”“仅”“对”“戏”“鸡”“邓”“树”“轰”“聂”字中的偏旁“又”，它与字音和字义都没有联系，只是纯粹的区别字形的符号。

从偏旁构字的角度来看，汉字的构成并不是杂乱无章的，而是具有一定的规律。有些汉字由于在字义上相关联，在构字时会使用同一个偏旁来表示。现代汉语字典的编纂者根据汉字结构的这个特点，将一组汉字共有的偏旁提出来做标目，以便排列和查索汉字，这个被用作标目的偏旁就是部首。部首和偏旁不同，部首是字典中排列汉字的依据，偏旁是汉字的结构单位名称；偏旁包含部首，偏旁的范围要比部首大得多，二者不能等同。

以偏旁为直接单位构成的汉字叫作合体字，合体字在汉字系统中占大多数，大多来源于古代的会意字和形声字。例如，“赶”由“走”和“干”构成，“烧”由“火”和“尧”构成，“呼”由“口”和“乎”构成。构成合体字的偏旁，最初都和字音、字义有联系，后来由于字义发展、语音变化、字形演变，这种联系就不太明显了。例如，“取”字，古人将战死者的耳朵割下作为记功的凭证，现在表示“拿、获得”的意思。

偏旁与偏旁组成合体字，其组合方式有左右结构、上下结构、内外结构等几种情况。例如，“保”“佑”“江”“河”是左右结构，“花”“草”“忘”“恩”

是上下结构，“国”“团”“同”“厅”“氧”“起”“边”是内外结构；另外还有“品”字形结构，如“聂”“轰”“森”“众”“鑫”“淼”“磊”等字。以上这些基本模式还可以互相拼合，组成更为复杂的类型。例如“燥”字，从整体看是左右结构，右半部分又是上下结构，右上部分又是“品”字形结构。一个合体字用一个已经十分复杂的结构成分充当构字偏旁，通过层层分析，可以看到多种组合方式。例如，“礴”字的第一层是左右结构，第二层是上下结构，第三层是左右结构，第四层是上下结构；“凰”“蹊”“飙”罐”等字也都包含了两种以上的结构模式。

二、语言的运用技巧——修辞

南宋的洪迈所编纂的《容斋随笔》中记载了一个王安石练字的故事：“王荆公（王安石）绝句云：京口瓜洲一水间，钟山只隔数重山。春风又绿江南岸，明月何时照我还？吴中士人家藏其草，初云‘又到江南岸’，圈去‘到’字，注曰‘不好’；改为‘过’，复圈去而改为入；旋改为‘满’；凡是十许字，始定为‘绿’。”“春风又绿江南岸”二句中的“绿”是如此活泼俏丽、生动形象，好似浑然天成，殊不知是王安石苦吟的结果。王安石最终选择了“绿”，是因为“绿”本身就是一个充满春意色彩的词语，而这里将其活用为动词，既有色彩，又有动态，生动地描绘出江南绿意盎然的变化状态。正如清代的沈德潜所言：“古人不废炼字法，然以意胜，而不以字胜，故能平字见奇，常字见险，陈字见新，朴字见色。”王安石这个“绿”字的巧用，可谓平字见奇、陈字见新的典范，使得一首诗成为千古名篇。王安石在创作过程中选择词语、创新运用词语、将寻常词语艺术化的言语活动，就是修辞。下面将主要介绍修辞活动的基本规律和基本手段。

（一）为什么要修辞

修辞有多种含义，我们这里所说的修辞，是指根据表达需要对语言进行加工提炼的活动，是一种运用语言的技巧。修辞的目的不是平实表达，而是要在准确传递信息的基础上将语言进一步升华到艺术高度。请看以下例子。

（1）早春二月，田野上有雾。

（2）早春二月，田野上飘着轻纱一般的薄雾。

例（1）中描述的早春田野上的雾，属于客观平实的表达；而例（2）在客观表达的基础上加入了说话人对雾的主观感受：雾是飘浮着的，像轻纱一般薄薄的。这样的描述超越了平实表达，将所描述的雾具象化，加深了人对雾的印象。这个例子体现了修辞的作用，体现了运用语言技巧的价值。

我们要注意对修辞的两种误解：第一种简单地认为修辞活动就是把话说明白、说清楚，使表达准确；另一种认为修辞就是选择优美、华丽的辞藻来描述对象。由于这两种误解，有些人满足于把意思说清楚，但表达十分平淡，毫无动人之处，很难给人留下印象；有些人则使用大量优美、华丽的辞藻，机械地模仿名篇用语，但内容十分苍白。汉赋就以极尽华美而著称，但最终因走进了华丽的死胡同而没落。

语言中的词与句本身没有优劣之分，再平常的词语，只要使用恰当，就会收到不同寻常的效果，产生动人的力量。修辞活动的目的就是要找到一个词、一个句子的最佳位置，使语言表达达到艺术化的境界，充分突出语言的表现力，强化信息传递的功能。注重表达效果的修辞活动并非完全不讲究准确，而是在语言表达正确无误的基础上使语言表达生动感人。运用得当的修辞技巧具有起死回生、化腐朽为神奇的效果。

人们在进行语言描述时非常注重求知与求美的和谐统一，既给人提供信息，满足人的求知欲；同时又给人以美感享受，做到字斟句酌，不仅仅满足于描摹现实生活。例如，冼星海谱曲、光未然填词的歌曲《保卫黄河》的前三句“风在吼！马在叫！黄河在咆哮！”这首歌创作于1939年3月，歌词原稿是“风在吼，驴在叫……”光未然是根据自己的观察创作的这首歌，据说当年马匹都被征召入伍了，黄河两岸只有毛驴。贺敬之看了初稿后，建议将“驴”改为“马”，冼星海欣然接受了修改建议。这首歌一经推出，立即唱响全中国，成为广为传唱的抗战歌曲。贺敬之这个小小的改动，为歌曲增色了不少。

为什么要将“驴”改为“马”呢？从形象上来看，驴的个头矮小，而马高大威武。从文化内涵来看，驴在汉民族文化中具有懒惰、愚笨的含义；而马具有勤劳、勇敢的含义。所以马更能代表中华民族英勇不屈的形象气质。由此可见，在进行修辞时，正确性固然重要，但也不能忽视艺术性。

言语表达要注意虚实结合，歌曲《保卫黄河》的歌词修改虽然看起来是虚的，但是给人的感觉是实的。比喻、比拟、夸张等修辞手法，都具有以虚写实的表达效果。

（二）如何进行修辞

对语言进行加工提炼通常有两种方式，即选择和创新。这是加工语言的具体方式，也是修辞的基本手段，其中，选择是修辞最基本的方式。

选择是指在众多同义表达手段中选择一种最为贴切的说法。所谓贴切，是指选择的表意手段符合语境中的时间、地点、人物特点等因素。例如，贾岛在创作《题李凝幽居》中的“鸟宿池边树，僧敲月下门”时，对于使用“敲”还是“推”颇为踌躇，最后选定了“敲”，是因为“敲”能够体现出声响，更能衬托出夜的幽静，同时为“鸟宿池边树”做了很好的注脚，笃笃的敲门声，惊动了树上的鸟，不然在深夜怎么会知道树上有鸟呢？如果选用“推”，诗中动静相映的意趣就没有了。

要注意的是，修辞上的同义手段涉及很多方面，不仅仅是指语汇中的同义词，还包括音律、词义、句式等。

创新是指在语句中另辟蹊径，创造新的说法，以收到特殊的表达效果。修辞上的创新有两个方面：一方面是平凡词语新用，即打破一般词语的常规用法，平中见奇，使平凡的词语不平凡，将寻常的词语艺术化，从而给人耳目一新之感。例如，张枚同创作的歌词《水乡美》：“滴翠的是山，流翠的是水，摇一摇云朵就有就有细雨飞；悠悠的是船，荡荡的是苇，晃一晃夕阳就见鸟儿归。咿呀喂，水乡嫩；咿呀喂，水乡美。踩你的花径怕你疼，走你的小桥怕你累。乌篷船划过来小阿妹，划过来小阿妹。”这首歌几乎句句都充满了创新表达，通过晓畅的词句将江南的绿意、温润、娇美刻画得入木三分：山山水水都滴翠，摇一摇云朵就会见到细雨纷飞，甚至怕走路踩坏了美景。张枚同运用语言技巧，刻画出了人们心中对江南真切的感受。

另一方面是创造新词语，创造新的表达形式。当然，这些新词语只适用于特定的语境，而且大多是在原有语言格式的基础上创造出来的。创新表达能够实现传统的表达方式无法实现的表达效果，从而增强语言的艺术感染力。例如，白居易的《暮江吟》：

一道残阳铺水中，半江瑟瑟半江红。

可怜九月初三夜，露似真珠月似弓。

白居易不仅用“道”来形容残阳，还用动词“铺”将残阳这个无形之物化为有形之物。“半江瑟瑟半江红”的绝妙分配，更是入木三分地刻画出残阳洒在江面上光影交错的绮丽景色，塑造出了绝美的艺术形象，凝聚了白居易的审美理想和审美情趣，闪耀着艺术创造的光辉，给欣赏者以美的享受。

无论是选择还是创新，其最终目的只有一个，就是让他人更好地接受自身所表达的信息，感染他人、影响他人。这正是修辞的最高境界。

1. 锤炼词语

如何更好、更准确地表达我们的思想，句子中词语出现的先后顺序以及使用什么样的词语，需要我们用心琢磨，像冶炼钢铁那样不断锤炼，从原材料中选出最具独特性的材质。

词语是表达思想最重要的单位，对语言表达具有极其重要的意义。无论我们使用口语还是书面语，首先遇到的便是词语的运用问题以及词语的组织安排问题。有人曾调查分析了数百篇作品的修辞，发现词语方面的修辞约占70%。由此可见，词语在修辞中占有十分重要的地位。

锤炼词语就是要“寻找唯一需要的词唯一需要的位置”（托尔斯泰语），从而准确、生动地表达我们的思想。对此，法国作家福楼拜有一段十分精辟的论述：“我们不论描写什么事物，要表现它，唯有一个名词；要赋予它运动，唯有一个动词；要得到它的性质，唯有一个形容词。我们必须继续苦心思索，非发现这个唯一的名词、动词、形容词不可。仅仅发现与这些名词、动词、形容词相似的词句是不行的，不能因思索困难，就用类似的词句敷衍了事。”因此，运用词语，只有恰到好处、贴切得当，才能通过这唯一的名词、动词、形容词精准地传递自己的思想。

不同人的头脑中对不同词语的感受刺激具有个性差异，词语修辞的目的就是使作者的暗示与读者的理解、联想、感受完美和谐地统一起来，从而产生共鸣。张九龄的《望月怀远》中的“海上生明月，天涯共此时”，其中的“生”与“升”相比，格外动人，并且新颖别致。

古人把词语的选择称为“炼字”，运用词语就像锤炼矿石一般，要沙里淘金，从一大堆矿石原料中冶炼出最有用的钢铁金块。炼字是为了达到简练含蓄、形象生动、新颖别致的表达效果。一个“炼”字，道出了古人在词语运用活动中的良苦用心。唐代大诗人杜甫被称为诗圣，他在炼字方面匠心独具，不仅留下了许多不朽的名篇杰作，还留下了许多锤炼词语的深刻体会。《江上值水如海势聊短述》中的“为人性僻耽佳句，语不惊人死不休”，道出了他的诗句为什么总是那么精妙的秘密。此外，贾岛在《题诗后》中的“两句三年得，一吟双泪流”；顾文炜在《苦吟》中的“为求一字稳，耐得半宵寒”；卢延让在《苦吟》中的“吟安一个字，捻断数茎须；险觅天应闷，狂搜海亦枯”等，都是古人炼字精神的真实写照。贾岛的“推敲”，不仅成为流传文坛的千古佳话，还凝练浓缩成为词语修辞活动的代名词。

语言文字是人类思想的延伸，运用语言既要遵从语言的自然习惯，又要在自然语言的基础上加工提炼。只有信息而无美感的语言是枯燥乏味的，听众难以接受；只有美感而无信息的言语则是无意义的。运用词语如同音乐运用音符，美术运用色彩、线条，必须千锤百炼，千斟万酌。一个合适的词会使整篇文章熠熠生辉，令人过目难忘。

2. 词语修辞的主要内容

词语修辞要注意意义、色彩、音律。在意义方面，主要要求选择或创新的词语必须达到准确、生动、形象、新颖的要求。这几个方面的要求在平时词语运用的训练中可能是分开的，但是在实际运用中是统一的。例如，《中国人民志愿军战歌》第一句的原文是“雄赳赳，气昂昂，走过鸭绿江”，其中的动词“走”不可谓不准确，但是太过平常，没有表现出志愿军战士的精神面貌，而将“走”改为“跨”后，表现出的志愿军的精神风貌则完全不同，将军人一往无前、意气风发的精神体现得淋漓尽致。

试比较以下几组句子中的词语，分析原文和改文在表达效果上的不同。

（1）原文：迎来春天换人间。

改文：迎来春色换人间。（京剧《智取威虎山》）

（2）原文：眼看朋辈成新鬼，怒向刀边觅小诗。

改文：忍看朋辈成新鬼，怒向刀丛觅小诗。（鲁迅《无题》）

（3）原文：喜看稻菽千重浪，青年英雄下夕烟。

改文：喜看稻菽千重浪，遍地英雄下夕烟。（毛泽东《七律·到韶山》）

（4）原文：长江大河波浪宽，风吹稻花香两岸。

改文：一条大河波浪宽，风吹稻花香两岸。（乔羽《我的祖国》）

在词语色彩方面，要注意感情色彩和风格色彩的调配。

感情色彩的调配，首先，应弄清楚词的褒义与贬义。有些词的感情色彩是固定的，褒贬色彩突出，或用于正面，或用于反面，不能混淆。例如，“团结”是褒义词，一般用于己方；与之对应的贬义词是“勾结”，一般用于对立面。其次，要注意词语在特定语境中的感情色彩。例如，“肥”通常用来形容动物脂肪多，用“肥”来形容人时，则有讥讽挖苦之意。曹禺的话剧《日出》中对潘月亭的描写是“一块庞然大物，裹着一身绸缎”，描写人不用“个”而用“块”，用“裹”而不用“穿”，表明了作者对潘月亭这个角色的厌恶之情。最后，要注意某些特定的语言格式也具有贬义色彩，如“所谓……”“……之流”等。

风格色彩的调配，应分清口语和书面语的风格特点。口语词生动活泼，生活气息浓厚，富有表现力，如“嚷嚷”“啰唆”“合计”等；而书面语词则有文雅的风格特色，如“久仰”“令尊”“华诞”“思绪”“磋商”等。只有分清词的语体色彩，才能自然地运用词语，使语言符合人物的身份地位。

语音也是词语修辞所要考虑的重要内容。词语的声音调配，需要注意三个方面：一是音节的匀称；二是平仄的协调；三是音韵的和谐。只有做到这三点才能使语句具有铿锵明快的节奏与整齐和谐的韵律，使词语具有丰富的表现力，增强话语的艺术感染力。词语语音的调配不只运用于诗歌、戏剧唱词，对于突出或强化记叙文中词语的意义也具有十分重要的作用。请看以下几个例子。

（1）远亲不如近邻，近邻不如110。（福州民警广告）

（2）他们的品质是那样的纯洁和高尚，他们的意志是那样的坚韧和刚强，他们的气质是那样的淳朴和谦逊，他们的胸怀是那样的美丽和宽广！（魏巍《谁是最可爱的人》）

例（1）采用了押韵的方式，使广告语朗朗上口，易于传播。例（2）中句子的末尾相互押韵，字音响亮，语势顺畅，很好地表现了对志愿军的赞美及热爱之情。

词语的修辞是一项永无止境的活动，比起句式的调整、修辞格的选用，词语修辞的难度更大、要求更高。想要用好词语，不但要进行长期的语言实践，还要培养细致观察生活的能力，要善于发现事物的特征，并运用独到的方式描述，从而描绘出独特生动的意境。

第二章 汉语的研究

世界上已知的语言共有5651种，在这数千种语言中，“年龄最大”的语言是汉语。汉语历史悠久、生生不息，汉语如今在世界上的地位和影响力都是数一数二的。

第一节 汉语的历史与地位

一、汉语的历史

关于汉语的“年龄”，早期的观点认为汉语有3400多岁，这种观点的依据是甲骨文。甲骨文是中国商代后期（公元前14～前11世纪）王室刻（或写）在龟甲和兽骨上用于占卜或记事的文字，是中国已发现的古代文字中时代最早、体系最完整的文字。语言的出现肯定先于文字，最新的观点认为汉语有5000～6000岁了，这种观点的依据是河南郑州小双桥遗址、西安半坡遗址、临潼姜寨遗址、大汶口遗址等出土的陶器上刻有一些数字和单字。国家重点研究课题“夏商周断代工程”公布的一些研究成果也说明中华文明已经有5000多年的历史。著名语言学家王力先生甚至提出“汉语至少有10000年以上的历史”。

将汉语与世界上的其他语言做一番比较，我们更能感受到汉语的伟大。联合国有6种工作语言，分别是英语、法语、俄语、汉语、西班牙语和阿拉伯语。大约在公元5世纪中叶，有3个日耳曼部族入侵英格兰，这3个部族的方言逐渐融合在一起，形成了古英语。这样算来，英语的历史大约有1500年。法国曾受罗马帝国统治，当时的法国人说凯尔特语，而罗马人说拉丁语，在长期的交往过程中，两种语言逐渐融合，形成一种混合性语言。

公元939年，这种混合语言成为法国唯一的官方语言。这样算来，法语的历史大约有1100年。公元9～13世纪，摩尔人侵略并占领了西班牙，当时居住于西班牙东北地区的人开始使用一种平民间沟通的方言，这就是现代西班牙语的源头。西班牙复国后，由于居民人种复杂，需要一种所有居民都能够使用的语言，于是西班牙语最终成为全民通用的交际语言。这样算来，西班牙语的历史大约有1000年。阿拉伯语的历史相对来说较长久，有2500年。俄语属于东斯拉夫语言家族，公元15～16世纪，古俄语分裂成俄语、乌克兰语和白俄罗斯语。这样算来，俄语的历史只有500年左右。经过上述比较可以看出，在如今世界范围内的几种主要语言中，汉语的历史最为悠久。

在世界语言的历史中，曾经存在过同汉语一样古老甚至比汉语更古老的语言，但它们最终都湮没在历史洪流中。5000多年前，古埃及象形文字出现，但是到公元纪年之后古埃及语就不再通行了。公元前4000年前后，苏美尔人创造了楔形文字，但公元前1763年，苏美尔人被古巴比伦王朝消灭，楔形文字也随之消亡。由此可见，汉语不仅历史悠久，而且久经考验，并始终保持着本色。因此，我们才说汉语是世界语言之林中唯一还“活着”（始终在使用）的最古老的语言。

二、汉语的地位

2015年羊年春节期间，英国威廉王子通过视频发表春节贺词，他先用中文问候“大家好”，最后又用中文说“祝你们春节快乐，羊年大吉”。另有报道称，近年来，日本商场为招揽中国顾客，专门设置了中文导购，并将这些中文导购称为“中文女孩”。还有媒体报道，目前，已经有250个汉语词被《牛津词典》收录，如Hutong（胡同）、Hukou（户口）、Goji berry（枸杞）、Wuxa（武侠）等。

此外，一些中文式的表达也进入了英语的词汇系统。例如，“Long time no see”（好久不见）采用了汉语直译的方式，如今这句话在英国和美国已经成为不少人打招呼的常用语言。据不完全统计，在影响世界的国际组织、国际公司、国际媒体和世界知名大学中，有上百家拥有中文网站。

虽然全球学习英语的人数最多，但汉语学习者的增速却排在第一位。有数据显示，2003年全球共有2000万汉语学习者，而2017年全球的汉语学习者数量已超过1亿，汉语学习者正在以每年500多万的速度增长，欧美国家学习汉语人数的增幅更是保持在每年40%左右。

在日本，懂汉语已经成为日本人找工作的一个筹码，在大学学习汉语的学生人数已超过学习法语、德语、韩语等语种的人数。日本的汉语培训班甚至因需求太大而报不上名。日本媒体甚至评价说“在连丰田都亏损的日本，与汉字相关的产业几乎成为唯一赚钱的地方”。

在韩国，官方文件和出版物采用谚文和汉字混合书写。韩国文教部曾经颁布供大中学校使用的“新订通用汉字”1800个，供一般生活使用的“常用汉字”1300个。目前，在韩国还可以看到汉字的踪迹。

还有一些数据也能够说明汉语的地位和影响力。有数据显示，作为母语使用的人口数量排名前十位的语言是：汉语普通话、英语、西班牙语、印地语、阿拉伯语、葡萄牙语、俄语、孟加拉语、日语和德语；作为网络语言使用的人口数量排名前十位的语言则是：英语、汉语普通话、西班牙语、日语、葡萄牙语、德语、阿拉伯语、法语、俄语和韩语。具体数据见表2-1。

表2-1 世界语言排名

作为母语使用人口数量排名			作为网络语言使用人口数量排名		
位次	语言	使用人数（亿）	位次	语言	使用人数（亿）
1	汉语普通话	8.850	1	英语	5.560
2	英语	4.000	2	汉语普通话	5.100
3	西班牙语	3.320	3	西班牙语	1.650
4	印地语	2.360	4	日语	0.990
5	阿拉伯语	2.000	5	葡萄牙语	0.826
6	葡萄牙语	1.750	6	德语	0.754
7	俄语	1.700	7	阿拉伯语	0.650
8	孟加拉语	1.680	8	法语	0.598
9	日语	1.250	9	俄语	0.597
10	德语	1.000	10	韩语	0.394

表2-1中数据只统计了汉语普通话，没有统计汉语方言。如果算上汉语方言，汉语的使用人口至少超过13亿，即世界上每5个人中就有一个人说汉语。另据报道，在新加坡，汉语是该国的第一大语言，使用人口数量占全国人口的80%。在澳大利亚、马来西亚、柬埔寨和文莱，汉语都是其

第二大语言。在俄罗斯，汉语使用人口总数接近400万，已成为其第四大语言。在美国，有近290万人使用汉语，成为继英语和西班牙语之后美国的第三大语言。在加拿大，使用汉语的人口总数已达100万，排在英语和法语之后，是加拿大的第三大语言。

汉语是联合国的6种工作语言之一，是上海合作组织（Shanghai Cooperation Organization，SCO）的2种工作语言之一。有越来越多的国际会议，如亚洲博鳌论坛（Boao Forum for Asia，BFA）、中非合作论坛（Forum on China-Africa Cooperation，FOCAC）、环北部湾经济合作论坛、中国——加勒比经贸合作论坛等，也都把汉语列为会议正式语言。以上证据表明，汉语毫无疑问是世界上使用人口最多的语言，并且汉语在国际上的影响力在逐步扩大。

第二节　从古代汉语到现代汉语

现代汉语和古代汉语是汉语在不同时间阶段的名称。那么现代汉语是怎样从古代汉语发展而来的？汉语在发展过程中又发生了怎样的变化？

吕叔湘先生在《语文常谈》中举过一个例子：“宋朝的朱熹曾经给《论语》做过注解，可是假如朱熹在孔子与颜回、子路谈话的时候闯了进去，不管他们在讲什么，朱熹一句也听不懂。”为什么朱熹听不懂孔子说的话呢？这是因为孔子和朱熹虽然都说汉语，但他们生活在不同的时代。孔子生活在春秋时代，而朱熹则生活在南宋，两者相差约1700年。因此，两人说的是不同时期的汉语。不同时期的汉语虽然都是汉语，但二者之间存在许多不同之处。

目前，学界将汉语的发展大致分为四个阶段。

第一阶段是史前汉语，主要指殷商甲骨文时期及其之前的汉语。这一时期的汉语称作“夏语”，也称为“夏言”，是先秦时期黄河流域中游一带华夏族的语言。

第二阶段是古代汉语，主要指公元前2世纪或更早（西周和秦汉）至9世纪前后（隋唐）这1000多年的汉语。在中国历史上，说“夏语”的华夏族与周围的夷、羌、苗、黎诸部族不断融合，直到秦始皇统一六国，要求全国使用统一的文字。在这融合和统一的历史潮流的推动下，古代汉语基本定型。

第三阶段是近代汉语，主要是指公元9世纪（晚唐）至17世纪（清初）

近年间的汉语。汉语发展到隋唐时代，语音、语汇和语法开始系统性地偏离古代汉语，逐渐形成了近代汉语的雏形，其与古代汉语相比有较大改变。在口语方面，近代汉语的语音系统要比古代汉语简单很多，其中韵母的简化程度最大。在语汇方面，近代汉语中出现了一大批新词，词语的音节构成由单音节为主变为以双音节为主。在语法方面，近代汉语中出现了新的代词、助词和语气词系统，还产生了动补式、处置式（“把”字句）等新句式。在书面语方面，近代汉语有两个不同的系统，一个是以先秦口语为基础的书面语，即“文言文”；另一个是六朝以后以北方口语为基础的书面语，即“古白话”。

第四阶段是现代汉语。顾名思义，现代汉语就是现代汉族人所使用的语言。关于现代汉语形成的时间，目前存在几种不同的观点。一种观点认为现代汉语是指17世纪（清中期）以来的汉语，理由是白话长篇小说《儒林外史》和《红楼梦》的语言，其语汇和语法和今天的汉语基本相同。王力先生的《中国现代语法》就是依据《红楼梦》的语料写的。另一种观点认为现代汉语是指五四运动以后的汉语，因为白话文完全取代文言文成为汉语的书面共同语是在“白话文运动”之后，“国语运动”之后才确立了在全国通行的口语共同语。我们一般按照后一种看法来定义“现代汉语”，但其中还存在广义的现代汉语和狭义的现代汉语两种不同的说法。狭义的现代汉语共包括现代汉民族的共同语——普通话，广义的现代汉语还包括普通话和现代汉语的各种方言。我们一般提到的现代汉语是指狭义的现代汉语。

第三节 现代汉语概说

一、现代汉民族共同语

（一）什么是现代汉民族共同语

现代汉民族共同语是现代通行的汉语，一般简称现代汉语。具体来说，是指“以北京语音为标准音，以北方话为基础方言；以典范的现代白话文著作为语法规范的普通话”。现代汉语普通话是我国的代表语言，是联合国使用的语言之一。

民族共同语以一种方言为基础。普通话选择以北京语音为标准音，以北方话为基础方言，以现代白话文著作为语法规范，并非出于偶然。马克思说：“方言集中为统一的民族语言是由经济和政治的集中来决定的。”800年来，北京一直是中国的政治中心；从古至今，中国的经济中心也一直在北方；唐宋以来的白话文学也都是以北方方言的形式创作的。这些政治、经济和文化等方面的原因，使北方话对全国各方言的影响越来越大。因此，选择北方话作为普通话的基础方言完全符合汉语的发展规律。

现代汉民族共同语为语音、语汇和语法分别规定了不同的标准。

首先是语音。不同方言之间的语音差别最为突出，即使是在一个方言区内，也不可能有完全统一的语音标准。例如，湖南省就有“十里不同音”的说法。同时，由于语音的系统性很强，不可能杂凑，所以只能以一个地点的方言为标准。

其次是语汇。普通话以北方话作为基础，之所以用“基础”而不用“标准”，是因为语汇的流动性大、渗透力强、系统性不如语音严整。

最后是语法。考虑到语法具有很强的抽象性、概括性和稳固性等特点，而书面语是经过反复推敲加工的、比较成熟的语言，具有普遍性、定型性和稳固性的优点，以书面语作为语法规范最为合适。

（二）现代汉民族共同语的形成

现代汉民族共同语是从古代汉语发展演变而来的，确切地说，是在近代汉语的基础上逐渐形成的。

从近代汉语的历史发展来看，宋元时期以后在北方话的基础上形成了两种明显的趋势：一种是新兴的书面语，即“白话”的蓬勃发展；另一种是和这种新兴书面语紧密结合的口语，即“官话”向各个方言逐渐渗透。

汉语很早就有书面语言，即我们所说的“文言”，这种书面语言也是在口语的基础上产生的，但是先秦以后，书面语与口语的差距越来越大，最终成为一种脱离口语的固定形式。“文言”不易学习，能够使用的人只占全民的极少数，因此，“文言”这种书面语言成为文人的专用品。于是，另外一种与口语直接联系的书面语——“白话”应运而生。“白话”是现代汉民族书面形式共同语的主要源头。宋元时期以来，各种用“白话”创作的作品层出不穷，如《水浒传》《儒林外史》《红楼梦》等诸多文学巨著。这些作品的语言虽然都或多或少地带有地方色彩，但是基本上是以北方话为基础创作的。这些文学作品拥有众多非北方话区域的读者，促使他们也使用“白话”来写作，为北方话的推广奠定了基础。在口语方面，由于元、明、清三朝都定都于今天的北京，随着政治、经济的集中，以及大量白话文学作品的影响，以北方话为基础的口语很快地开始在各地传播，成为各方言区相互交际的工具。在当时，因为这种口语经常为官场中人所使用，所以人们将它称为“官话”。当然，官话的扩展还是落在白话后面，有很多非北方话地区的人通过文学作品学会了“看”甚至“写”白话。

20世纪初，现代汉民族共同语的形成过程开始加速。辛亥革命前夕，“官话”这个名称被“普通话”代替。“普通话”一词最早出现于1906年朱文熊的《江苏新字母》中。这一变化标志着“官话”突破了上层社会的狭小范围，开始向广大群众普及，得到了各地区人民群众的认可，获得了口语共同语的地位。五四运动前夕的“国语运动”和“白话文运动”，就是资产阶级民主革命要求语言统一的集中表现。前者要求口语统一，后者要求书面语统一。语文战线上的这两个运动，彼此呼应，相互融合，促进了现代汉民族共同语的形成。

中华人民共和国成立以后，政治、经济的迅速发展推动了汉语的变化，也提高了语言的社会交际效能。在口语方面，能说普通话的人越来越多；书面语已经基本统一，达到了原则上的“言文一致”。现代汉民族共同语在政治生活、经济建设和文化教育中发挥出巨大的作用。

二、现代汉语方言

（一）什么是方言

不同的地域会对语言产生不同的影响，从而形成独特的语言表达体系，这就是方言。不同地域的方言就像是同一对父母的孩子，相互独立却存在某些相似之处，是一种颇为有趣的语言现象。

方言是语言的变异形式，是一种语言的地域变体。语言存在于方言之中，方言是语言的具体表现形式。每种语言都有自己的方言，如日语中的关西方言、德语中的高地德语和低地德语等。英语是世界上使用范围最广的语言，英语在与世界各地语言接触的过程中形成了很多变体，如美国英语和英国英语。

方言差异形成的原因涉及很多方面，如地理阻隔、交通不便、人口迁移、语言接触等。人群迁徙带来语言分化，如客家方言、赣方言的形成，就与我国历史上因战乱而引起的人口大迁徙有着密切关系。高山大河的阻隔，影响人们的交际往来，在相对封闭的环境中，语言会向不同的方向发展，逐渐产生差异，最终形成方言。

语言是社会的产物，时时刻刻都受到社会发展变化的影响，但是语言在不同地域的发展具有不平衡性的特点，方言就是语言发展不平衡性特点的直接反映。

结合历史考察，纵观汉语各个方言的情况，我们会发现这样一个事实：凡是经济发达、社会开放、沟通便利的地区，语言的发展速度就相对较快；相反，经济欠发达、社会相对封闭、沟通不方便的地区，由于与外界联系少，语言的发展速度就相对较慢，仍然保留着古代汉语的成分。例如，粤方言、客家方言音系以及闽方言中以厦门话为代表的闽南方言至今仍完整保留着古代汉语音系中的塞音韵尾-p、-t，-k；赣方言虽然保留了-t、-k塞音韵尾，但由于闭塞程度较轻，二者有混同趋势，属于塞音韵尾与喉塞音韵尾的过渡；在吴方言中，塞音韵尾彻底消失，变成了喉塞音韵尾；在官话方言中，塞音韵尾基本消失。这反映出汉语各个方言的发展速度和发展方向的确有差异。有人形象地将汉语方言中塞音韵尾的不同变化比喻为三级火箭，现代汉语方言从北到南的发展变化速度由快到慢，越向南，方言中保留的古音特征越多。这种现象与我国历史上北方地区作为政治、经济、文化中心，社会发展变化速度快的特点相吻合。

有关学者的研究成果表明，南部方言更多地保留了汉语中古音的部分特征，中部方言保留了汉语近代音的部分特征，而北部完全是汉语现代音。中部的湘方言又体现出汉语发展的另一个方向，即保留古代汉语中塞音、塞擦音的清浊对立特点，这在老派湘方言中尤其明显；而新派湘方言中的浊音正在逐渐清化，向官话方言靠拢。汉语方言的地理分布与汉语历史发展的时空对应关系见表2-2。

表2-2 汉语方言的地理分布与汉语历史发展的时空对应关系

方言	地域	时代
官话方言、普通话	北部	现代
吴方言、闽北方言、赣方言	中部	近代
闽南方言、闽方言、客家方言	南部	中古

从表2-2可以看出，汉语的整体发展趋势是由北向南扩散的。距离北方发达地区越远的地区，社会、经济、文化发展越落后，保留的古音特征就越多。

方言虽然是语言的变体，但是也可能演变为独立的语言。世界上大部分的语言，最初都是某种语言中的方言。由于汉语各个方言之间的差别很大，西方的一些学者把现代汉语的方言看作不同的语言，但是现代汉语与方言之间的语音系统具有对应转换关系，各个方言都有共同的书面语言；更为重要的是，现代汉语各个方言的使用者都属于一个统一的民族。因此，汉语的各个方言是一种语言的内部地域变体，而不是独立的语言。

根据性质，方言可分为地域方言和社会方言，地域方言是语言因地域方面的差异而形成的变体，是语言在不同地域上的分支，其中是语言发展不平衡性特点在地域上的反映；社会方言是指同一地域的社会成员由于职业、阶层、年龄、性别、文化教养等方面的社会差异而形成的不同的社会变体。地域方言和社会方言都属于同种语言的变体，只不过前者主要体现在地域环境中的差异，而后者主要体现在社会环境中的差异。地域方言和社会方言都是语言分化的结果，是语言发展不平衡性的体现；都不具有全民性特点，或通行于某个阶层，或通行于某个地域；都要使用全民语言的材料构成。地域方言和社会方言也有很多不同点，二者的形成原因、使用对象、内部差异发展方向都不同。

我们可以发现，地域方言是平面铺开发展的，而社会方言的语音、语汇、语法建立在语言（或方言）的基础上。我们一般所说的方言，主要是指地域方言。本书主要介绍现代汉语地域方言的有关情况。

（二）方言的分区和划界

从20世纪初期现代汉语方言学建立至今，虽然将汉语方言分为七大方言区的观点得到普遍承认，但是仍有部分专家、学者对汉语方言分区持不同意见，并且随着方言的进一步发展和对方言进一步的深入研究，可能还会继续出现不同的分区意见。

方言的划界具有相对性，我们可以在方言地图上看到现代汉语七大方言区的边界线，但在现实中我们很难确定方言之间的界限，因为邻近地区的方言会相互影响，甚至出现“你中有我，我中有你”的情况。在现实生活中，方言界限的两边会呈现出以下四种情况：（1）双方泾渭分明，这种情况常常与山川阻隔有相当大的关系；（2）己方单一，对方具有己方的方言特征；（3）己方单一，对方具有多种特征；（4）双方都具有对方的方言特征。

现代汉语方言是在一定地域通行的语言变体，因此，对不同方言的命名，一般会结合该方言所处地域的名称。在现代汉语七大方言中，除了客家方言是按其来历命名之外，其他方言的名称都结合了其通行地域的特点或主要通行区域的行政区划名称，但要注意方言与行政区划名称涉及的地域并不完全一致，如粤方言不仅指广东话，因为广西壮族自治区也通行粤方言，同时广东省境内还通行客家方言；闽方言也不等于福建话，因为海南省及中国台湾地区也通行闽方言。因此，同一个地域会通行几种不同的方言，同一种方言也会分布在不同的地域。

现代汉语方言分区主要依据语音。一方面，方言是从古代汉语发展而来，各个方言的语音之间具有非常严整的对应规律；另一方面，各个方言之间的语音差别非常明显，依据语音划分方言主要会考虑声母和韵母这两个因素。在声母方面会考虑浊声母和清声母的系统对立以及中古全浊声母的演变规律，还会考虑几套塞擦音声母以及中古精、知庄、章组声母和见组细音声母的演变规律。在韵母方面会考虑塞音韵尾以及中古人声韵的演变规律，还会考虑几种鼻音韵尾以及中古阳声韵的演变规律。

（三）现代汉语的七大方言

1. 官话方言

官话方言是现代汉语普通话的基础方言，以北京话为代表。官话方言的通行地域最广，使用人口约占汉族总人口的73%。官话方言具有内部一致性，语法结构的差别较小，语汇的一致性很强，语音的分歧不大。官话方言在语音方面的主要特点是没有浊塞音与浊塞擦音声母，辅音韵尾很少，只有舌尖前鼻音韵尾和舌尖后鼻音韵尾这两个辅音韵尾；声调包括阴平、阳平、上声、去声。官话方言可细分为以下几类。

（1）东北官话

东北官话分布于黑龙江全省、吉林全省、辽宁省大部分地区和内蒙古自治区东部。具有代表性的地点包括哈尔滨、沈阳、长春等地。

（2）北京官话

北京官话包括北京市9个市县、与北京市毗连的部分地区。具有代表性的地点包括北京、承德等地。

（3）冀鲁官话

冀鲁官话也称“齐赵官话”，主要分布于河北、山东两省。具有代表性的地点包括石家庄、济南、天津、保定等地。

（4）登辽官话

登辽官话主要分布于胶东半岛与辽东半岛。具有代表性的地点包括青岛、烟台、大连等地。

（5）中原官话

中原官话以河南省、陕西省“关中”地区、山东省西南部为中心，分布于江苏省、安徽省、山东省、河北省、河南省、山西省、陕西省、甘肃省、青海省、宁夏回族自治区、新疆天山以南地区等，390个市县。具有代表性的地点包括西安、洛阳、郑州、曲阜、徐州等地。

（6）兰银官话

兰银官话分布于甘肃省、宁夏回族自治区的34个市县和新疆维吾尔自治区的北部地区，具有代表性的地点包括兰州、银川、乌鲁木齐等地。

（7）西南官话

西南官话分布于四川省、云南省、贵州省的汉语地区，还包括湖北省、湖南省、广西壮族自治区、陕西省、甘肃省等省区的一些市县，共计517个市县区镇。具有代表性的地点包括成都、重庆、昆明、贵阳、武汉、柳州、桂林等地。

（8）江淮官话

江淮官话分布于湖北省、安徽省、江苏省、浙江省、江西省的部分地区。具有代表性的地点是淮阴、南京、合肥、安庆、黄冈、九江等地。

2. 吴方言

吴方言主要通行于江苏省南部地区、浙江省、上海市、江西省东北部、福建省西北部和安徽省南部地区，其代表是上海话和苏州话，使用人口约1亿。吴方言有一整套浊塞音和浊塞擦音声母，没有舌尖后音声母，韵尾较少，有7～8个声调。

3. 赣方言

赣方言主要通行于江西省和湖北省的东南角，以南昌话为代表，使用人口在5500万以上。由于江西省和湖北省东南角所处的地理位置，赣方言受其他方言的影响很大，四面的界限非常不明显，因此，有学者主张将赣方言合并到周边不同的方言区。赣方言在语音方面最突出的特点是将浊塞音和浊塞擦音声母全部变成了由同一部位发音的送气清音。

4. 湘方言

湘方言主要分布在湖南省湘江、资江流域和沅江中游的辰溪、泸溪、溆浦3县，以长沙话为代表，使用人口在4600万以上。湘方言有比较完整的浊塞音、浊塞擦音和浊擦音声母，不区分声母h、f与声母n、l，人声调没有塞音韵尾。

5. 闽方言

闽方言以福州话为代表，主要通行于福建省、海南省、广东省潮汕地区和雷州半岛，以及中国台湾地区，使用人口约8000万。闽方言是汉语方言中内部分歧最大的一种方言，有的学者把闽方言分为闽南方言、闽北方言，有的学者还划分出闽东方言。现在一般把闽方言划分为五个方言片：闽南方言，以厦门话为代表；闽北方言，以建瓯话为代表；闽东方言，以福州话为代表；闽中方言，以永安话为代表；莆仙方言，以莆田福为代表。其中，闽南方言的影响最大。闽方言的语音保留了汉语古音的一些特点，如没有唇齿擦音 f，将普通话中的 f 声母发音为 b 或 p 声母。

6. 粤方言

粤方言主要通行于珠江三角洲网区、广西壮族自治区东南部地区，以及香港特别行政区和澳门特别行政区。粤方言以广州话为代表，使用人口约 4000 万，有很多海外华侨和华商也在使用粤方言。使用粤方言的地区是我国改革开放 40 多年来取得成就最大的地区，每年有数百万人前往使用粤方言的地区淘金，因此，粤方言的影响越来越大。这种现象反映出语言扩张同经济发展的密切关系。粤方言的语音系统比较复杂，韵母多达 53 个，辅音韵尾非常丰富，除鼻音韵尾 m、n、ng 外，还有与之对应的人声塞音韵尾 b、d、o，一般有 8 ～ 9 个声调，是汉语诸方言中调类最多的方言。

7. 客家方言

客家方言以广东梅县话为代表，使用人口约 4000 万。客家方言主要通行于广东省东部和北部地区、广西壮族自治区和江西省南部地区、福建省西部地区、湖南省、四川省，以及中国台湾地区的部分区域，还有很多海外华侨也在使用客家方言。客家方言的主要语音特点是将大部分浊塞音和浊塞擦音声母变成了由同一部位发音的送气清音声母，这一点与赣方言一致；将舌尖后音声母读作舌尖前音；g、k、h 和 z、c、s 可以同齐齿呼的韵母相拼；没有口呼韵母；有 6 个声调。

如果把现代汉语七大方言的通行地域和使用人口用一个圆来表示，那么官话方言约占这个圆总面积的 2/3，其余几种方言约占 1/3。

（四）现代汉语不同方言之间的差别

汉语方言之间在语音方面的差别最大，在词汇、语法方面的差别较小。

不同方言语音的差别在声母繁简、辅音韵尾的多寡以及调类的区分上表现得非常明显。例如，湘方言中娄邵片（娄底、邵阳一带）的塞音声母有浊塞音 b、d、g，不送气清塞音 p、t、k 和送气清塞音 p、r、k 三套，而官话方言只有后两套。广州话的辅音韵尾有 m、n、g、p、t、k，而北京话的辅音韵尾只有 n、g 两个。广州话有阴平、阳平、阴上、阳上、阴去、阳去、上阴入、下阴入、阳入九个调类，长沙话有阴平、阳平、上声、阴去、阳去、入声六个调类，而烟台话只有平声、上声、去声三个调类。

在词汇方面，日常生活中的很多词汇因方言而异，如“月亮”“月婆”“太阴”“月光”“月亮帝儿”以及“向日葵”“朝阳葵”“望日莲”“葵花”“转日莲”“朝日蒲”等。

三、现代汉语的特点

一种事物的特点，要与其他事物比较才能体现出来，语言也是如此。下面笔者分别从语音、词汇和语法三个方面说明现代汉语的特点。

（一）现代汉语在语音方面的主要特点

1. 音节结构简单

汉语的音节结构形式比较少，而且规律性极强，便于掌握。元音是一般音节中不可缺少的成分，一个音节内最多可以连续出现三个元音，其中一个元音是主要元音。除某些方言外，一般没有用于区分语义长短的元音。辅音一般在元音之前，只有极少数辅音在元音之后。现代汉语没有复辅音，即没有如英语中的 flight（飞行）这种几个辅音连在一起的情况。

2. 音节界限分明

汉语的音节一般由声母、韵母和声调三部分组成，即声母在前，韵母紧随其后，再加上一个贯穿整个音节的声调，使汉语有了鲜明的音节界限。从音素的角度来分析，辅音和元音有规律地出现，给人周而复始的感觉，易于切分音节。在发辅音时，肌肉紧，气流强；发半元音时，肌肉、气流的力量仅次于辅音；发主要元音时，肌肉较松，气流渐弱；发松元音或弱辅音时，肌肉更松，气流更弱。

3. 富有音乐性

音乐性是由汉语音节的独特之处连带产生的一个突出的特点。

汉语语音系统中的元音占优势，也就是说乐音的成分比例大，噪音的成分比例小，再加上每个音节都有由不同形式的声调产生的丰富的高音变化，听起来和谐悦耳，形成了富有音乐性的独特风格。因此，常有外国友人赞美汉语像音乐一样动听。

（二）现代汉语在词汇方面的主要特点

1. 现代汉语的词汇结构呈现明显的双音节化趋势

有部分古代的单音节词被现代的双音节词取代，如“目”被“眼睛”

取代。有大量的古代单音节词被扩充为双音节词，如“发”→“头发”、“唇”→“嘴唇”、“雀”→“麻雀”、“鹊”→“喜鹊”、“鲤”→“鲤鱼”、“韭”→“韭菜”等。还有将两个意义相近或有关的单音节词结合的情况，如“皮肤”“牙齿”“墙壁”“窗户”“云彩”“月亮”等。

还有一种情况是将多音节词压缩为双音节词。例如，将三音节压缩为双音节：“落花生”→“花生”、“机关枪”→“机枪”、“山茶花”→“茶花”、“川贝母”→“川贝”等；将四个以上音节压缩为双音节，多见于某些词组的简称：“初级中学”→“初中”、“化学肥料”→“化肥”“华侨事务”→“侨务”、“对外贸易”→“外贸”、“彩色电视机”→“彩电”、“科学技术委员会”→“科委”、“高等学校入学考试”→“高考”等。

2. 广泛运用词根，以灵活多样的形式构成新词

现代汉语的词根十分丰富，广泛运用词根，以灵活多样的形式构成新词是现代汉语的突出特点。最常见的情况是依照不同的结构关系将两个词根复合构成新词，如“火车”“汽车”“飞机”“人民”“语言”“希望”“理事”“挂号”“打气”“民主”“眼红”“气粗”等。其次是词根带附加成分构成新词，如“木头”“石头”“桌子”“椅子”“读者”“作者”“知识化”“年轻化”“第一”等。有的词根十分活跃，可以构成大量新词。例如，“电”可以构成“电影”“电车”“电灯”“电话”“电机”“电线”“电视”“电炉”“电扇”“电脑”等。正是由于汉语具有灵活多样的构词方式，才能在历史发展中不断地创造新词，以满足社会在不同时期对于语言的需求。

（三）现代汉语在语法方面的主要特点

1. 现代汉语以语序和虚词作为表达语法意义的主要手段，缺乏形态变化

印欧语系的语法有复杂的形态变化。例如，俄语的名词和形容词有“性”“数”“格”的形态变化，动词有“时”“数”“位”“性”“体”“式”等形态变化，俄语主要通过这些形态变化来表示语法关系，因此，词在句中的位置比较自由。而现代汉语由于缺乏上述形态变化，一般通过固定的语序来表示各种语法关系，并且借助虚词来使句子完整。

2. 现代汉语的词类和句子成分不具有对应关系

在印欧语系中，词类和句子成分之间有一种简单的对应关系——动词与谓语对应，名词与主语、宾语对应，形容词与定语对应，副词与状语对应。动词和形容词只有通过构词手段或句法手段转化成为名词性成分之后，才能出现在主语、宾语位置。现代汉语则不然，其动词和形容词无论是做

谓语还是做主语、宾语，都是一样的。现代汉语的名词，除了可以充当主语、宾语之外，还可以做定语、状语，在一定条件之下，也可以做谓语。需要注意的是，每类词的主要句法功能是不变的，次要功能都有句法条件。

3．现代汉语中词、短语和句子的结构方式基本一致

印欧语系的句子和分句中必须有定式动词，而词组（短语）中的动词必须是非限定形式。因此，印欧语系中的句子和分句遵循一套构造原则，短语遵循另一套构造原则。现代汉语的动词没有限定和非限定式的对立，动词不管用在何处，它的形式都一样。因此，现代汉语的句子构造原则与短语的构造原则是一致的，句子只是独立的短语。由于现代汉语的这一特点，有些现代汉语语法著作采用了一种以短语为基点的语法体系，即在短语的基础上描写句法，而不是像印欧语系那样以句子为描写基点。

4．现代汉语的量词和语气词十分丰富

在现代汉语中，当在名词前加上数词时，中间往往夹有与名词相配的量词，如“一个故事”“一本书”“一张桌子”“一支蜡烛”“一根火柴”等。这是印欧语系所不具备的特点。汉语的量词十分丰富，外国人在学习汉语时，会觉得汉语的量词十分复杂。出现在句末或句中多样的语气词也是现代汉语区别于印欧语系的地方。

第四节　现代汉语规范化

一、什么是现代汉语规范化

语言作为人们交流思想的工具，必须有一个人们共同遵守的标准，才能使人们互相了解。一种语言的语音、语汇和语法体现出来的法则，就是语言的规范。学习任何一种语言都要遵循该语言的法则。

按照语言规范的不同表现，可以概括出自发规范和自觉规范两种类型。自发规范是社会在语言应用中自然的调节行为，是比较消极的规范形式。这样的规范带有较多的自发性，人们在习得母语的过程中所发生的规范行为，就是这种自发规范的典型。自觉规范是人们有意识地对语言应用采取某些措施，进行必要的干预，以维护语言的纯洁，使语言健康发展，便于社会应用，是一种积极的规范形式。自觉规范是由政府部门、机关、学校或语言决策机构、研究机构所推动和从事的，是有一定规模的规范活动。

我们需要了解和研究自发规范，更需要研究、提倡和加强自觉规范。自觉的规范实际上就是对语言进行规范化的工作。

现代汉语的规范化就是要使现代汉语的运用合乎标准。前辈们很早就明确地指出："为了语言使用者的利益，对语言的规范进行整理，肯定已明确的，明确不明确的，减少分歧，增加一致，并通过教育和宣传扩大语言规范的影响。"这就是语言规范化工作的目标。

二、现代汉语规范化的历史进程

现代汉语规范化的工作已进行了半个多世纪。回顾这一历程，我们可以将现代汉语规范化分为以下两个时期。

（一）前30年（1955—1985）

1955年10月，现代汉语规范问题学术会议在北京举行；1986年1月，全国语言文字工作会议在北京召开。这两个会议间隔了30年，其间又可分为以下三个阶段。

1．第一阶段（1955—1965）

这一阶段不仅确立了现代汉语规范化的目标、标准及任务，而且采取了许多重大举措，如在文化教育系统和人民生活的各个方面推广普通话，制订并推行汉语拼音方案，编纂出版规范化词典，开展全国汉语方言普查工作等等。可以说这一阶段是为现代汉语规范化奠定基础的阶段。从总体来看，规范会议及1956年国务院指示所提出的几项主要任务均取得了显著成果，前辈学者为现代汉语规范化作出了历史性的贡献。

2．第二阶段（1966—1976）

这一阶段的汉语规范化工作未取得显著成果。

3．第三阶段（1977—1985）

在这一阶段，汉语规范问题不仅为语言学界所重视，而且得到了整个社会的关注。

（二）新时期（1986年至今）

如果说现代汉语规范问题学术会议是中华人民共和国成立后汉语规范化工作的一个良好开端，那么就也可以说，全国语言文字工作会议拉开了在改革开放形势下现代汉语规范化工作的序幕。

新时期语言文字工作的方针是：贯彻执行国家关于语言文字工作的政

策和法令，促进语言文字规范化、标准化，继续推动文字改革工作，使语言文字在社会主义现代化建设中更好地发挥作用。

进入新时期后，我国政治、经济、文化教育、科学技术等方面迅速发展，在国家大力加强法治建设的形势下，语言立法被提上议事日程。2000年10月31日，第九届全国人民代表大会常务委员会第十八次会议修订通过了《中华人民共和国国家通用语言文字法》。该法律是为推动国家通用语言文字的规范化、标准化及其健康发展，使国家通用语言文字在社会生活中更好地发挥作用，促进各民族、各地区经济文化交流，根据宪法制定的法规。《中华人民共和国国家通用语言文字法》确立了普通话和规范汉字的“国家通用语言文字”的法定地位。

三、树立科学的语言规范观

20世纪90年代以来，我国的社会语言生活发生了重大而深刻的变化。本书主要介绍以下两种情况。

（一）全国语言生活的主体性与多样化正在变化与发展

全国语言生活的主体性与多样化正在变化与发展的表现是国家通用语言文字的影响越来越大，社会的双语言现象越来越普遍。针对这些变化，我们应该从观念、舆论、法律、政策、办法、措施等方面，妥善处理并进一步协调好语言关系，从而保证普通话进一步发挥主导作用，各民族语言、各地方言发挥各自的功能，使我国社会语言生活继续保持主体性和多样化的特点，并朝着丰富、协调、健康的方向发展。

（二）社会语言生活十分丰富活跃，但语言使用复杂混乱

我们要分别对待民族语言或方言的变异现象，语音、语法的使用错误，特殊群体的语言特点及语言问题，不规范的网络语言等问题。有的需要认真观察、监测、调查研究，提出有材料、有数据、有分析、有研究、有说服力的报告，供各方面参考；有的需要认真监测与研究，并采用行政、学术、教学、舆论、示范等各种办法加以引导与规范。

我们要树立科学的语言规范观，处理好语言变化发展的绝对性与语言规范的相对性这两者之间的关系，还要充分考虑当今社会语言生活的多元化。

我们对待语言规范问题，要多一些包容，更要多一些慎重。

第三章　汉语言文学本质

当代中国的文学理论作为现代大学文科教育体制中的一门知识性学科，是在受到外来影响的情况下逐步建立起来的。从20世纪前半期开始，中国大学受到日本和西方世界的影响，先后使用过“文学概论”“文艺学”“文学理论”等名称。“文艺学”是从苏联的“文学学”或“文学科学”翻译过来的说法（原文的“文学”被改译成了范围更广的“文艺”）。我们认为，面对这一学科的历史和现状，使用“文学理论”这个名称较恰当。在中国古代，与现代文学理论有关的理论形态主要有文论、诗论、词论、曲论、散文和小说评点等。在西方古代，与现代文学理论有关的理论形态主要有诗学和修辞学。直到18世纪晚期，现代形态的文学理论才从启蒙运动的时代语境中产生出来，并且受到了当时开始出现的审美主义理论的影响。

文学理论的研究主要涉及文学的基本原理、概念和范畴，文学研究的方法，价值评判的标准等。这样的研究具有理论的普遍性和抽象性的特点。但是，文学理论研究必须面对文学的基本事实，从文学事实出发，一方面，需要运用原理、方法、概念和范畴去解释文学事实；另一方面，又要对文学事实做出价值评判。换句话来说，文学理论的任务主要不是对文学事实做出判断，而是要对文学事实进行解释和价值评判。美国文学理论家韦勒克认为，“‘文学理论’研究文学原理、范畴、标准等方面，而关于具体文艺作品的研究不是‘文学批评’（主要采用静态的研究方法）就是‘文学史’”。这样看来，文学理论需要确立一系列概念、范畴、标准，并由此建构相应的理论框架，去解释和评判文学事实。历史上各种不同的文学理论之间的差别，就在于它们所确立的概念、范畴、标准以及由此建构的框架不同，因而面对相同的文学事实做出的解释和评判就有很大的差异。文学理论研究最重要的立足点是文学文本（文学作品的文本和文学理论的文本），以及文本产生的语境（历史和时代氛围、事件等）。离开文本和语境的文学理论，就如同悬浮在空中一般。

除此之外，中国当代的文学理论虽然与近代以来的“西学东渐”有关，但是，中国古代存在自己的文学理论传统，包括中国特有的文学理论概念、范畴、评判标准和理论框架，它们与外来的西方文学理论传统存在很大差异。加之，马克思主义作为当代中国的主流意识形态，对当代中国文学理论的建立和发展有着深刻的影响。因此，当代中国的文学理论面临着马克思主义的理论传统、中国本土固有的理论传统和外来的理论传统之间相互融合、吸纳、传承和创新的局面。这种局面不仅是复杂的，而且是动态的和不断发展的。

文学理论面对的最重要的事实，是文学作为人类特有的社会活动之一所包含的重要活动和环节：作为表达方式和生产活动的文学创作，作为阅读、欣赏、批评和消费活动的文学接受，以及文学自身随着不同历史、时代、传统的发展演变。在这一系列的活动和环节中，最核心的概念就是“文学”。文学理论研究总会直接或间接地涉及不同理论家对于“文学”概念的理解，这种理解始终都是随不同历史、时代、传统、个人差异而变化的。

在中国古代，“文学”一词最早见于《论语·先进》中的“文学：子游，子夏”，其含义是指以“六经”为主的关于古代文献和典章制度的学问，即“文章博学”。后来，“文学”扩展为一切文献和学术的总称。汉代以后，“文章”与“博学”逐渐分开；就“文章”而言，它包括了天下的一切文章，并不专指今天外来的、现代意义上以体现“审美价值”为主的“优美文学”。曹丕在《典论·论文》中说的“盖文章，经国之大业，不朽之盛事”的“文章”，包括了奏议、书论、铭诔、诗赋八种，多数与“审美价值”无关。所以，正如日本学者铃木真美指出的：“中国古代的‘文学’含义是学习古代典籍。如果忽略以经书为中心的内容，可以说与意味着依靠读书获取学识的拉丁语 litteratura 的意思完全相同。”现代中国文学理论中的“文学”概念，是通过日本输入的西方现代以“审美价值”为核心的概念。鲁迅先生说得很清楚：“……‘文学’，这不是从‘文学子游子夏’上割下来的，是从日本输入，他们的对于英文 Litterature 的译名。”因此，在今天，我们应当联系历史演变来看“文学”这一概念的具体含义。与此同时，我们也要注意到，强调“文学”的“审美价值”是在当今中国文学理论界占主导地位的观点，不少理论问题的论争都与此有关。

在西方世界，“文学”概念的发展也有和中国类似的历程。美国学者乔纳森·卡勒说：“如今我们称之为文学的是二十五个世纪以来人们所写的作品，而‘文学’的现代含义才不过两百年。”英国学者雷蒙·威廉斯在《关键词：文化与社会的词汇》一书的“文学”条目中梳理过“文学”一词的演变和不同含义，具有重要的参考价值。从历史上来看，在18世纪晚期的启蒙运动之前，西方传统知识学科中与文学有关的理论，都被归入“诗学”和“修辞学”之中。1746年，法国神父巴托在《简化成一个单一原则的美的艺术》一文里将“美”与艺术联系在一起，明确提出“模仿美的自然”是一切艺术的共同原则。此后，启蒙运动中的重要人物狄德罗、达朗贝尔等人，英国学者夏夫兹博里、哈奇生等人，德国的“美学之父”鲍姆加登及其学生迈尔，受启蒙思想影响的歌德和康德等人，共同推动了现代以“审美价值”为核心的艺术体系的诞生。把“审美价值”作为“文学”的核心价值，从此就成了西方现代文学理论中“文学”概念的重要涵义。不过，从第二次世界大战之后直至现在，以审美价值为核心的“文学”概念，在西方世界不断遭到来自各个方面的质疑和挑战。

“文学”作为文学理论的核心概念，一直以来都是各种理论和理论家关注的焦点，追问文学的“本质”，同样也成了文学理论的重要问题。对“本质”问题的追问，一方面与“总体性”理论无所不包的理论取向有关，另一方面也与理论家们的“视点”（视野和立场）有关。因此，这个问题至今充满争议。从概念上说，“本质”是指某个事物固定不变的、实质性的、能决定其特征的根本性质。文学作为人类的一种社会活动，是否具有固定不变的“本质”，就成了争议的焦点。在今天的文学理论中，对文学本质的解释主要有两种路径：一种是通过考察不同的文学概念或定义来表明自己对于文学本质的理解，力图寻找到能解释所有文学现象的固定“本质”；另一种则是从文学活动涉及的主要方面和事实出发来考察文学，试图揭示出文学本质问题的复杂性和开放性。

美国学者艾布拉姆斯在《镜与灯：浪漫主义文论及批评传统》一书中曾提出著名的“视点”理论。艾布拉姆斯从文学活动最基本的事实出发，勾画了一个以作品为中心的图式，其中，“作品”分别与“世界”“作者”“读者”三个要素相联系。这样，这四个要素就构成了文学理论考察文学本质问题的四个重要“视点”。“作品”（文学文本）是文学活动的核心和结果，它以语言或文字的物质化方式呈现出来，成为阅读、欣赏和评价的对象；“世界”是作品要呈现的对象和内容；“作者”是作品的写作者和创造者；“读者”则是作品的接受者。艾布拉姆斯对这四个“视点”做了如下解释：“尽管任何像样的理论多少都考虑到了所有这四个要素，然而我们将看到，几乎所有的理论都只明显地倾向于一个要素。就是说，批评家往往只是根据其中的一个要素，就生发出他用来界定、划分和剖析艺术作品的主要范畴，生发出借以评判作品价值的主要标准。因此，运用这个分析图式，可以把阐释艺术品本质和价值的种种尝试大体上划为四类，其中有三类主要是就作品与另一要素（世界、读者或作家）的关系来解释作品，第四类则把作品视为一个自主体孤立起来加以研究，认为其意义和价值的确不与外界任何事物相关。”

艾布拉姆斯的“视点”理论在现代文学理论界得到了一定程度的赞同，这表明他勾画的图式对于解释古往今来的文学理论关于文学本质的观点具有一定的合理性。如果从逻辑联系上来看，天下所有的文学活动都与作品、世界、作家、读者有关系，离开任何一个方面都不行。同时，“视点”理论有助于在理论上概括和梳理各种不同的文学本质观，如再现论、表现论、读者论和作品论。然而，我们也要注意到，艾布拉姆斯的图式虽然凸显了文学活动的四个逻辑视点，却忽视了文学活动的其他重要环节，比如文学活动与历史、时代、环境、传播方式和手段、社会机制等因素的关系。也就是说，人类的文学活动远比“四要素”说要复杂得多。这也是我们必须注意的。

第一节　作品与文学的本质

在艾布拉姆斯关于文学“四要素”的图式中，“作品”处于图式的中心，实际上这表明了他自己的一种“作品中心论”的立场。“作品”作为作家创作的结果，必定会以某种特定的方式显现出来，即要以特定的物质化的方式存在。从一般的文学事实出发，我们很容易发现，文学“作品”最直接的物质存在方式是“语言”和“文字”。人类的语言是以语音、词汇、语法等要素构成的一个符号和意义的表达系统，它依托的物质表达形式是人类的语音，世界各民族都曾经有过以语言来表达的“口头文学”作品。文字是记录语言的符号系统，文字所依托的物质形式是文字符号（如象形文字和拼音文字等），及其记载媒体（如青铜、石头、泥版、简牍、纸张等）。人类进入文明社会以后，文字成了大多数民族文学表达的物质形式。以文字记录下来的语言所表达的内容和意义，在文学理论中被称为

“文本”。在这个意义上，我们可以说，文学作品最直接的物质存在方式是由语言和文字形成的“文本”。文本所依托的物质传达方式和传播方式，在人类社会中是不断变化和发展的，在近现代则与科学技术的发展有着紧密关系。

着眼于文学与“作品”的关系来理解文学的本质，或者建构关于文学本质的理论，在不同的文学理论传统中都有先例。它们往往具有一些共同的理论关注点：语言文字本身的表现能力，语言文字作为符号系统的特征与功能，语言文字与意义之间的关系，文本结构与意义之间的关系等。以“作品”为中心来理解文学本质的理论，经常被叫作“作品中心论”。

在中国古典形态的文学理论传统中，一直都存在着对语言文字表达意义之可能性问题的关注，也有对语言文字表达的形式之美的关注。《周易·系辞上》说道：“子曰：‘书不尽言，言不尽意’”，以及“圣人立象以尽意，设卦以尽情伪，系辞焉以尽其言”。在后来对《周易》的研究中，“言”“象”“意”之间的关系成了理论讨论的重要议题。魏晋时期的“言意之辩”，则把“言”与“意”之间关系的讨论提升到了哲学层面。《论语》《左传》《礼记》等儒家经典都关注过“文”与“质”的关系，即文采修饰与表达内容之间的关系，这构成了儒家文学思想的重要命题之一。《老子》和《庄子》关注过有限的、可表达之“言”与无限的、不可表达之“意”和“道”的问题，提出过“言不尽意”“得意忘言”等命题，它们构成了道家文学思想传统中的重要命题之一。齐梁时代的刘勰在《文心雕龙》中沿袭儒家文学思想的思路，也讨论过语言文字与表达内容、意义之间的关系，提出过“形文”“声文”“情文”的概念。魏晋南北朝时期，受佛经翻译的影响，人们注意到了语言文字音律之美的规则，为中国古代文学理论中形式美理论的产生提供了契机。南朝文人沈约提出过与音律之美有关的“四声八病”说，为后来的诗词韵律理论奠定了基础。中国古代文论受佛教禅宗的影响，出现过将禅宗的道理运用于诗歌理论的思路，其中的重要话题之一就是“言”所不可表达的“言外之意”。唐代的皎然、司空图，宋代的严羽等人，都在“以禅喻诗”的理路上就语言文字表达意义的问题提出过自己的看法。总之，中国古代文论对文学“作品”问题的关注，大多集中在语言与意义的关系方面。除此之外，中国古代文论对“作品”的关注，还体现在对“文体”（体裁）的关注之上，在这个方面，从曹丕、陆机，到刘勰、萧统等人，都对关于文体的理论作出过自己的贡献。

在西方古代文论中，对“作品”问题的关注主要体现在修辞学中。修辞学的传统从亚里士多德开始，经过西塞罗、郎吉努斯、昆体良，一直传承到17、18世纪的现代早期。修辞学的原意是演讲术，本是古代希腊学院中为培养治理国家的贵族男青年而开设的学习课程，在中世纪则被纳入教会学校的课程。它包括两个大的方面：演讲稿写作和演讲中的表演，其中关于写作部分（从选材、立意到文辞运用和表达）的理论，与现代文学理论中讨论的“作品”和“文本”问题有关。在修辞学传统中，语言表达的问题是重要议题之一。对语言表达的基本要求是要切合立意、选材、目的和功用、情感的运用等。值得注意的是，西方世界的修辞学传统由于种种历史原因，相当一部分文献经由阿拉伯世界的学者保存下来，其中的阐释自然也包含了部分阿拉伯学者们的贡献。从18世纪晚期到20世纪上半叶，随着文学理论受到审美主义和科学主义的影响与冲击，兴起了形形色色以“作品”和“文本”为中心的形式主义文学理论，它们的共同特点一方面是背离模仿论的传统，另一方面则力图割断文学文本与社会、语境、意识形态、价值评判之间的关系，要到文本的语言、结构中去寻求意义产生的根源，把“文本”当成一种独立自主的客体来研究。以英伽登、布莱等人为代表的形式主义文论受到现象学的影响，把文学“作品”当作独立自主的，与个人的意向性活动相关的一种“纯粹意向性结构”，认为意义产生于作家和读者之间的意向性活动。以什克洛夫斯基、艾亨鲍姆等人为代表的俄国形式主义文学理论，集中关注以文学语言为核心的“文学性”问题，认为文学作品之所以成为“文学作品”，就在于它所使用的语言不同于日常生活中使用的语言，作品的本质与语言的特质有关，其最大的特点在于文学语言的“陌生化”。以瑞士理论家皮亚杰和法国学者列维－施特劳斯为代表的结构主义文学理论认为，文学作品的形式结构是独立自主的，结构模式是文学作品根本性的决定因素，强调结构的自主性、稳定性和封闭性。英美“新批评”的“文本”理论认为，文本的意义与作者和读者无关，要求斩断与作者有关的“意图谬误”，以及与读者有关的“感受谬误”，通过“文本细读”的方法从文本结构和词语中寻求文本表达的意义。

各种以语言、结构、文本为关注焦点的“作品中心论”的形式主义理论，强调了形式要素在文学作品中的重要性和价值。有不少形式主义理论借用了瑞士语言学家索绪尔的语言学理论，将其作为理论建构的“元理论”，以致一度造成了文学理论中的“语言学转向”。随着时间的推移，尤其是在解构主义理论带动下出现的各种以“颠覆”为宗旨的理论风潮，“作品中心论”的形式主义理论渐成明日黄花。

在风潮退去之后，人们方才冷静下来思考形式主义理论的利弊。其弊端是显而易见的，比如割断文学作品与作家、读者、社会、语境、价值等的关系，把作品的意义局限在语言文字构成的文本之中。还有，由于各种形式主义理论片面追求“科学性”和“价值中立”，排斥价值立场和评判，这样做显然有违文学创作的宗旨和社会功能。

第二节 世界与文学的本质

人类的文学活动不仅要以世界作为依托，而且要以世界作为表现的重要内容。在这里，我们首先要明确，应当从更广泛的意义上去理解“世界”的涵义。大凡自然界的山川秀色、天文地理、动物植物、四季交替，人类社会的历史和时代事件、错综复杂的人际关系，乃至个人的内心深处和梦幻奇境，都可以囊括在“世界”的范围之中。在中国古代文论和艺术理论中，往往会讲到“心”与“物”的关系，“物”这个概念大体上可以看成我们今天所说的“世界”，在西方哲学和理论传统中，有“主体”和“客体”这一对概念，“客体”在某种程度上也可以看成“世界”。

着眼于文学与“世界”的关系来理解文学的本质，或者建构关于文学本质的理论，在不同的文学理论传统中都有先例。尽管不同传统和理论之间存在差异，但从“世界”出发建构的文学本质观的共同特点在于：认为文学的本质是对“世界”的反映，“世界”的面貌决定了文学或作品的面貌，文学的本质在根本上离不开与“世界”的关系。

在中国文学理论的传统中，注重从“世界”角度来理解文学本质的观点，一般被称为“再现”论。这一理论脉络差不多从古到今贯穿始终。《周易·系辞下》讲到过庖牺氏（伏羲）创立“八卦”时的仰观天象、俯察地貌、观鸟兽之文。这虽然不是在讨论文学和文学的本质，但其中涉及了文化创造与自然现象之间的密切关系。汉代董仲舒在《春秋繁露》里从哲学和政治学角度提出过“天人感应”的学说，这一学说被纳入儒家思想体系，对古人的理论思维方式产生过重要影响。齐梁时代的刘勰在《文心雕龙·原道》中强调了天地宇宙之“道”和文章之间的“源”与“流”的关系，其中的观点已经较为明确地涉及了“世界”与“文章之学”的逻辑关系。梁代钟嵘的《诗品序》认为，五言诗的产生离不开自然界的春花秋月、夏云暑雨和人世间的悲欢离合，他同样强调了诗歌与自然世界和人间世事的密切关系，因为有自然和人间的种种现象与事态，所以才“非陈诗何以展其义”“非长歌何以骋其情”。清代的叶燮在《原诗》中将诗歌的根源归结到“理”“事”“情”三个重要方面，既表明了诗歌是理、事、情的再现，又表明了诗歌之“真”与理、事、情的内在联系。毛泽东的《在延安文艺座谈会上的讲话》在讨论文艺的源泉问题时非常明确地提出了“反映论”的文学本质观，认为文学是社会生活的反映。这一思想对中华人民共和国成立以来的文艺理论产生了深远影响。

在西方古典诗学中，注重文学本质与“世界”关系的“模仿说”，在两千多年里一直占据着支配性的地位。虽然“模仿说”的传统有内涵不同的分支，但其共同特点在于：认为文学的本质是模仿，或者是对“真理”的模仿，或者是对具有哲学意味的事件的模仿，或者是对自然世界的模仿。古希腊哲学家赫拉克利特认为，人类从鸟的鸣唱中学会了模仿。柏拉图在《理想国》里提出过“洞穴”理论和“三张床”理论，认为文艺是对现实的模仿，而现实又是对“理念”和“真理”的模仿。强调模仿与“真理”的关系，是柏拉图的“模仿说”最重要的核心。亚里士多德在《诗学》中认为，悲剧是按照“必然律”和“可然律”进行模仿，因而比历史更高，更具有哲学意味。文艺复兴时期的著名画家达·芬奇提出过“镜子说”，认为画家的任务是拿着“镜子”去映照自然，强调模仿的逼真性。近代以来，一些受马克思主义理论传统影响的理论家从不同角度提出过“反映论”的文学本质观。这一理论脉络的主要基石是马克思主义关于经济基础与上层建筑的学说。匈牙利美学家卢卡奇在《历史与阶级意识》等著作中提出过“审美反映论”的文学本质观，将反映论与审美特质结合起来。西方文学理论传统中的“模仿说”现在虽然已经逐渐式微，但在其影响下产生的“写实主义”（也译作“现实主义”）理论，在强调“真实性”和逼真模仿方面，依然还在发挥着或明或暗的作用。中国当代文学理论对现实主义问题的重视，实际上表明了外来的理论已经开始在本土扎根并且结果。

从文学与“世界”的关系角度提出的文学本质观，不时面临着来自各个方面的挑战。首先遇到的挑战是其核心理念“真实性”的问题。争论的焦点往往集中在诗与哲学哪个更接近“真理”，以及“真实性”的含义（表面的真实、本质的真实、内心的真实等）。其次受到的挑战是“世界”与文学之间的关系问题，即它们的关系到底是直接的，还是存在其他中间环节。最后是作家在文学与“世界”关系中的地位问题，作家仅仅是被动地模仿“世界”、自然，还是在创作中处于独立自主的主体地位，自然世界和社会生活的内容是否要经过作家心灵的消化与过滤。这些争论和挑战触及了“再现论”和“模仿说”由于受到视点的限制而出现的“盲点”。它们揭示出来的问题是：任何一种理论在采取某种特定“视点”之时，必定会有所遮蔽。这恰好说明了理论总是有限度的，难以兼顾各种不同的“视点”，也难以做到囊括一切事实。

第三节　作者与文学的本质

作者即写作文学作品的人，也被叫作文学创作的“主体”。在中国古代，文学理论往往比较看重作者的道德修养和情性的表达，作者个人写作的价值总是与更大的治国、安邦、平天下的使命联系在一起。在西方世界，正如艾布拉姆斯认为的：“作者是那些凭借自己的才学和想象力，以自身阅历和他们对一部文学作品特有的阅读经验为素材从事文学创作的人……只要文学作品是大手笔并且是原创的，那么，其作者理应荣获崇高的文化地位并享有不朽的声誉。”艾布拉姆斯所说的这种“作者”，显然是从18世纪晚期启蒙运动和浪漫主义运动以来被奉为“天才”和具有“主体性”的“创造者”。这是现代文学理论中的“作者”概念。但在实际上，文学作者的身份在历史上一直处于变化之中，从口头传说的无名作者，到模仿者，再到“天才”“浪荡子”和享有“权威”“荣耀”与“知识产权”的个人，这些都与社会转型和风气的变化有关。简单地说，在启蒙运动之前，作者的地位不高与柏拉图思想贬低感性、抬高理性有关，此后，随着西方的主体性哲学和审美主义思潮的崛起，把作者地位提升到了一个前所未有的和神圣的高度。到后现代时期，则出现了解构作者头上的各种“光环”的趋势。因此，作者的现代概念与过去的概念之间，存在很大的差别，作者的身份始终处于变化之中。

以文学的“作者”为中心来理解文学本质的观点，可以被叫作“作者中心论”。“作者中心论”往往从现代的作者概念出发，一方面，强调作者在文学创作中的“主体性”地位和特殊才能；另一方面，则会把文学的本质和文学创作的根源，归结为作者个人的才能和灵性。因而，西方现代文学理论中兴起的“表现论”，经常认为文学本质是作者内在“主体性”的表现，或者是作者的自我表现。所谓“主体性”，是从现代哲学中挪用的一个概念，主要指作者的自主性。当代中国的文学理论对“作者”的理解，或多或少受到了这种崇尚“主体性”的观点的影响，把关注表现作者内心世界（“志”与“情”）的理论叫作“表现论”。

在中国古代文论中，的确存在着关注表现作者内心世界的理论传统。人们一般认为，这种传统主要体现在诗歌理论中的“言志”说与“缘情”说。“言志”说最早见于《尚书·舜典》中的“诗言志，歌永言”。朱自清先生认为，“诗言志”是中国古代诗论“开山的纲领”。及至汉代毛苌在《毛诗序》中提出“诗者，志之所之也，在心为志，发言为诗”，此后，“言志”说几乎就成了中国古代诗歌理论中的“正统”理论。“志”在古代诗人那里，总是与社会和政治秩序相联系的一种胸怀和情意指向，较少带有现代理论所注重的个人性和一己情怀。《毛诗序》在提及“言志”时，也说到了“情动于中而形于言”，但把强调的重点放在了“言志”之上。西晋时期的陆机在《文赋》中明确提出了“诗缘情而绮靡”的观点，显然不同于以表达家国大事为主的正统理论“诗言志”不过，也需要注意到，即便是“吟咏情性”，同样也有与家国大事相联系的豪迈之情，和与个人心境相联系的一己私情，不能简单地把“缘情”等同于现代文学理论中的“自我表现”和情感表达。明代李贽的“童心”说，公安派的“独抒性灵”说，清代袁枚的“性灵”说，其实都强调了对个人“情性”的表达和抒发。中国近代的“表现论”，大多带有受到西方现代文学理论影响的痕迹。

在西方文学理论的传统中，由于柏拉图理论的影响长期处于支配地位，现代文学理论中的“表现说”作为对柏拉图理论支配地位的反抗，直至18世纪晚期以后才逐渐占据上风。在这场较量中，浪漫主义诗人们为了抬高自身的地位，不仅要让诗歌与哲学抗衡，认为诗歌可以表达真理，而且要给诗人们戴上“天才”之类的各种“桂冠”。英国浪漫派诗人济慈、华兹华斯、雪莱等人，法国浪漫派诗人拉马丁等人，德国浪漫派诗人诺瓦利斯等人，共同推进了这一潮流。其中，最有代表性的是华兹华斯在《〈抒情歌谣集〉序言》中宣称的“诗是强烈情感的自然流露”，经常被当成现代诗歌理论中“表现论”的标志性观点。此后，还有朱光潜先生竭力推介的意大利理论家克罗齐美学理论中的“直觉表现说”，但是，克罗齐的观点与浪漫派诗人们抬高自己地位的努力并无直接关系。此外，从19世纪后期到20世纪早期，西方世界兴起了一股对抗以黑格尔为代表的理性主义的生命哲学思潮，其代表人物有丹麦哲学家克尔恺郭尔、德国哲学家叔本华和尼采、法国哲学家柏格森、奥地利心理学家弗洛伊德等人。他们强调生命意志和生命活动的本能冲动，强调非理性力量的作用，认为文艺不过是生命活动本能间接的或者曲折的表现，并不是作者在理性支配下的产物。在这股非理性主义的生命哲学思潮影响下出现的文学理论，虽然有时也被冠以“表现论”的标签，其实与浪漫派所倡导的“表现论”并非出自一路。

以“作者中心论”为依托的“表现论”文学本质观，借助“主体性”哲学理论，以颠覆柏拉图主义为宗旨，张扬个性、情感、天才，以提高诗人的地位。此后，又将法权与作者个人的权利和地位结合起来，赋予诗人以各种荣耀和权威。这种西方现代的文学思潮，与一般意义上的“表现论”有着很大的不同。受非理性主义思潮影响的生命哲学导向下的“表现论”，同样也有类似之处。就一般意义上的“表现论”而言，文学创作活动的确与作者的自主性和自由分不开，强调作者在创作中的主导地位有合理性的一面。但是，简单套用哲学上的“主体性”来谈文学上的“表现论”，并不完全恰当。我们必须看到，作者作为生存于社会复杂关系网络中的社会人，不大可能摆脱作者所处的社会生活中的物质性、经济关系、政治立场、思想倾向、生存处境的制约。在这种意义上，作者的“自主性”和“自由”都无疑会受到各种社会关系的制约。此外，必须注意到的是，即便就“表现”而言，也并非只有表现情感才叫作“表现”或者“表现论”，正如俄国早期马克思主义理论家普列汉诺夫所说：“艺术既表现人们的感情，也表现人们的思想。”

第四节　读者与文学的本质

现代文学理论中的“读者”概念，具有多种不同的含义。它既可以指文学作品的一般读者，文学作品的鉴赏者，也可以指文学作品的批评者和研究者。但是，无论是哪种意义上的读者，从理论的关注点上来说，焦点都在于“读者”与“作品”之间的关系，具体来说，就是“读者”如何接受和理解“作品”所传达的内容与意义。以此为标杆，可以划分出传统文学理论的读者观和现代文学理论的读者观：传统文学理论大多没有注意到读者在阅读文学作品活动中的积极作用，往往把读者看成消极的和被动的接受者；现代文学理论注意到了读者在阅读活动中的主动性和积极参与，乃至认为文学作品是作者与读者共同创造的。

以“读者”为中心来理解文学本质的观点，可以叫作“读者中心论”。因此，根据现代文学理论的理解，我们可以把“读者”界定为文学作品创作的参与者和消费者。现代文学理论的“读者中心论”受到哲学阐释学等理论的影响，从不同的角度和方面凸显了读者在理解文学作品中的积极作用。随着西方文学理论不断输入中国，当代中国文学理论中的“读者”论也在不同程度上受到了西方理论的影响。但是，这并不意味着中国古代文论中没有自己关于读者的观点和理论。

早在先秦时期，《论语·季氏》中就有“不学诗，无以言”的说法，其意思是说阅读和学习《诗经》有助于培养人的理解能力和表达能力。孟子曾经提出理解文本的“以意逆志”的方法：“故说诗者，不以文害辞，不以辞害志，以意逆志，是为得之。”孟子的说法强调在理解文本的过程中要以读者之“意”去反推诗人之“志”，实际上表明了读者要参与对文本意义的理解。汉代学者董仲舒在《春秋繁露》中提出过“诗无达诂”的著名观点，强调了不同读者在理解诗歌中存在的差异性，其中隐含着读者会把自己的“先入之见”带入对诗歌的理解中去的意思。这个观点与西方现代阐释学的观点颇为近似。齐梁时代的刘勰在《文心雕龙·知音》中提出过“观文者披文以人情”的观点，并且提出了要观察位体、置辞、通变、奇正、事义、宫商的“六观”说。刘勰的这些观点，同样注意到了读者在阅读活动中积极参与的主动性。很特别的是，刘勰所说的“知音”，并不是指一般的读者，应该是指具有很高文学修养的读者。梁代的钟嵘在《诗品》中认为，好的诗歌应该使“味之者无极，闻之者动心”，实际上是从不同角度看到了读者体味和聆听的不同阅读层次。明代的汤显祖，清代的李渔、王夫之，都从不同方面看到了读者在阅读活动中的不同需要、差异性和主动性。所有这些观点都表明，中国古代文论有自身关于阅读活动和读者的理论遗产，它们在理论形态和表达方式方面拥有不同于西方理论的特色。只不过从现代以来，我们过于唯西方理论马首是瞻，不大注意发掘我们自己的理论资源。

在西方古代文学理论中，我们还是可以发现一些理论家涉及读者阅读的问题。古希腊的亚里士多德在《诗学》中就悲剧的效果提出过“净化”说，他对此进行的阐述隐含着他对读者在阅读活动中的作用的认识。古罗马的贺拉斯在《诗艺》中曾提出“寓教于乐”的观点，实际上注意到了诗歌读者在阅读活动中的愉悦需求。在西方传统的修辞学理论中，非常强调演说对于听众的说服效果，这表明了相关的修辞学理论并未把听众当成消极的和被动的接受者，而是认为他们对于演说的内容有着自己的辨别力和判断力。

19 世纪的俄国文学评论家别林斯基曾经提出著名的“一千个读者有一千个哈姆雷特”的观点，此后这个观点被广泛援引，用以说明不同读者在阅读理解中的差异性。在马克思主义关于“艺术生产”的理论中，非常强调艺术接受者的消费活动对艺术生产活动的积极影响与作用，强调接受者的需要对生产者生产的制约作用。从18世纪哲学阐释学的产生开始，西方文学理论中的“读者论”开始出现了转折性的变化，读者被推到了理论的前台，他们在阅读活动中的作用得到了凸显，由此催生了各种现代的读者理论。

德国哲学家施莱尔马赫和狄尔泰等人为现代哲学阐释学的诞生作出过贡献，他们使阐释学脱离具体的学科门类成为一般的方法论，而20世纪的德国哲学家海德格尔则将阐释学从方法论和认识论转变为本体论哲学。德国哲学家伽达默尔提出的阐释学理论，对现代文学阐释学产生过重要影响。他认为，读者在阅读活动之前的“前见”具有必然性与合理性，读者的阅读活动实质上是一个“视域融合”的过程，即文本的视域与读者的视域通过阅读活动不断地融合，每一次融合的结果又构成下一次阅读理解的起点。20世纪接受美学的代表人物姚斯和伊瑟尔也对现代读者理论作出过贡献。姚斯认为，读者阅读之前的“期待视野”决定了读者阅读理解的可能性，也对其阅读活动构成了限制。读者从阅读活动中能够理解多少东西，取决于其“期待视野”的限度。因此，对“期待视野”的研究，就成了接受美学的主要任务。伊瑟尔提出的关键概念是文本的“召唤结构”，其含义是指文本特殊的构成能够不断唤起读者填补文本留下的“空白”和“未定点”，因而，文学作品产生于读者在阅读文本时的填空活动，读者的阅读活动是一种将文本具体化的再创造行为。读者反映批评的代表人物、美国学者斯坦利·费什把读者的阅读活动归结为“阐释共同体”的决定作用，认为应当重视文本话语在读者心中所产生的心理效果：美国学者乔纳森·卡勒认为，读者的阅读活动与读者的“文学能力”和“阅读阐释过程”有关，读者的反应批评应当对这两个方面进行研究。

西方世界的各种现代读者理论最重要的贡献在于：它们揭示了读者的文学阅读活动的复杂性和所受到的限制，关注影响到读者阅读理解的社会、历史和个人因素，同时强调了阅读活动是读者与文本双向互动的过程，以及读者在阅读中的再创造活动。所有这些观点，不仅颠覆了传统文学理论对读者的简单理解，而且改变了现代文学理论对“作品”的看法，即“作品”并不等同于物质性的文本实体，而是读者阅读活动的产物。但在另一方面，如果过分强调读者在阅读活动中的再创造作用，不注意文本的意义除了文本本身和读者之外，还有社会、历史和作者等诸多决定因素，那么，现代读者理论解释的有效性将会大打折扣。

第四章 汉语言文学作品论

文学作品是作家审美体验的对象化、物态化，是鲜活感性的符号化形式，是人类精神超越性的存在。在中外文论史上，文论家们从诸多角度来理解和阐释文学作品的构成问题。

在中国传统文论中，文学被看作作家内心思想、情感、人格、志趣、精神等的外化，对文学作品的构成问题常常是从作家创作的动态性这一角度来进行探讨的，诸如构成各要素之间的运动与变化关系，创作主体意志由内向外的投射等，由此形成了文与质、言与意、形与神等辩证关系。在这些关系中，传统文论相对更偏重于关注“质”“意”“神”，力图将这些形而上的内容作为主导，从而引发、生成有形的文字。不过，这些观念并没有妨碍中国古代文论对形式美的追求。比如，在文学创作中有对骈偶形式的推崇，齐梁时期有“四声说”“八病说”等，它们都是在形式方面独具民族特色的观点。

西方文论认为，艺术形式是实体世界的具体化、丰富化、形式化，是客观规律性与主观目的性的统一。波兰美学家托塔克维兹分析了艺术的存在方式——“形式”。他认为“形式”一词出自中古拉丁文的“形状”，这与古代希腊文“式样”“……理念”等相关。该词来源的模糊性使“形式”这一概念的规定带有歧义性，出现了不同的形式理论。概括地说，“形式”一词在西方美学史中至少有五种含义，包括亚里士多德的实体存在（本体）形式、与元素相对立的排列形式、与内容相对应的外形式、与材料相对应的形状形式，以及康德的“与主体对知觉客体的把握的先验形式”。这些含义的形成与变化呈现出西方从古希腊到当代艺术作品形式与内容关系的历史脉络。

在西方，一般把文学作品当作“客观存在”进行研究，注重文学构成中各要素的逻辑关系。古希腊美学认为，文学作品的本体论是偏重于形式的。

柏拉图认为“理念即形式”，形式是最真实的本体。亚里士多德指出，形式是事物的本体，艺术作品的美在于有头有尾的整一性。这种整一性既是形式的，又是内容的，是它们之间的一种契合。近代西方美学对艺术作品本体论的认识则显示出形式和内容的对立与分裂。在黑格尔那里，文学作品的内容与形式成为互相对立统一的两部分，并形成了三种主要的形态：形式大于内容为象征型艺术，形式与内容完美结合为古典型艺术，内容大于形式为浪漫型艺术。到了现代，哲学家试图弥合由于内容和形式的二元对立所造成的作品本体的两分局面。在形式主义思潮之后，结构主义、文学阐释学、文学现象学、接受美学、后结构主义等，都纷纷放弃了从内容方面来研究文学作品的构成。结构主义试图用作品的深层结构与人类心理的深层结构的对应关系，来取代传统的内容与形式的辩证关系，努力挖掘内容下面的深层意蕴；新批评的作品本体论立足于作品的抽象与具体关系上，强调通过语言分析去演绎作品的本意。此外，兰塞姆的“结构——肌质说”、弗洛伊德的心理分析、弗莱的神话分析、罗兰·巴特的文学分析、英伽登的艺术作品现象学分析等，都从不同角度对文学作品的本体论进行了研究。这些研究表明文学研究已从外部研究走向内部研究，成为20世纪文论的热门话题。可以说，文学作品本体论具有明显的偏重形式的倾向。在他们看来，“内容”一词，不仅含有具体形象，还包括逻辑、理念、伦理社会、历史等非艺术的因素。于是，人们将注意力放到作品本体的层次上，从不同角度、不同视野去挖掘语言学、文化学、心理学、文学等的深层结构。形式不再仅仅是内容的承担者，而成为内容本身。

需要注意的是，在接受美学者看来，文学的构成从来就不是作品单方面的，读者的阅读行为是构成文学的重要部分。一方面，读者并非消极被动地接受作品的内容，而是带着自己独特的个人文化背景与“期待视野”来阅读，这种阅读的效果会有千变万化的结果和阐释意义；另一方面，那些将批评的重点放在对作家本意的追寻或者作品意义推敲的研究，是不能够真正走进文学本身的，真正的文学需要有具体读者的参与。因此，研究读者的心理活动与接受方式及其与文学作品之间的关系，也是他们新的研究方向。在这些方面，德国的伽达默尔、法国的杜夫海纳、德国的尧斯等都曾做过深入的研究。

在后现代那里，一切坚固的东西都开始动摇、消散。所谓人的深层心理结构也并非一成不变，而是被各种社会现实建构起来的。以法国德里达为代表的解构主义试图消解西方一直以来的、根深蒂固的逻各斯中心主义。

由于每个词语客观上都有多面性，因此文本中的任何词汇与概念可以被它的对立面替换，通过这个“技术”，文本所谓的客观性也就被瓦解了（这就是德里达所谓的“危险的替补”）。德里达抓住了语言和词汇对文本意义在表达上的根本缺陷，指出语言和文本的独立导致了传统相信非语言实体的真实性（如真理）的瓦解，每一个词语都是它自身，又在阅读它时产生变异。通常我们在阅读时，会选取某个词的一种确定的意义而忽视其他意义，这种选择就导致了这个词的其他意义的开启，语言的这种缺陷是永远存在的。美国的文学批评家如卡勒、米勒、保罗·德曼等，都曾把这一理论运用在文学批评领域，使得文学在其构成上似乎变得飘忽不定，也使得任何边缘因素都有可能参与到文学的构成中来。

整个艺术史是艺术作品存在形式不断嬗变和扬弃的历史。在当代文论看来，文学作品是一个多层次逐渐指向深层结构的整体。这种深层结构和形象系统的建构是作家独特的、不可重复的，蕴含了生命体验和自我生存价值的确证。

第一节　文学作品的内容与形式

“内容”和“形式”是哲学上探讨事物构成的基本范畴。无论是自然界，还是人类社会，事物都有其内容和形式，都是两者的统一体。所谓内容，指的是构成事物内在要素的总和；所谓形式，指的是事物内在要素的组织、结构或表现形态，是事物存在的方式。

在中国传统文论中，虽然没有统一的关于文学构成的理论，但早在春秋时代，孔子就曾对文学的构成有过论述。在《论语·雍也》中，他说：“质胜文则野，文胜质则史。文质彬彬，然后君子。”内容与形式是以“文”和“质”的概念来表达的：把事物内在的实质看作“质”，把事物表现于外在的、直观可见的、有章可循的表象看作“文”。孔子强调文质并重。然而另一方面，孔子在一定程度上又单独强调了“质”的重要性。如在《论语·先进》中，他说：“先进于礼乐，野人也；后进于礼乐，君子也。如用之，则吾从先进。”从这里可以看出，孔子对脱离个人内心修养而片面追求外在空洞形式的厌恶。此外，从《周易·系辞》中演变出的“言、象、意”之间的关系，不仅涉及儒家对《易经》的观点，还涉及庄子对“言”和“象”关系不同于儒家的观点。直到魏晋时期，王弼在《周易略例》一文中对这个问题做了折中式的总结，成为此问题的经典论述。但此后关于“言、象、意”的讨论仍是层出不穷。再者，在传统文论中还有“形”“神”关系论。在先秦，庄子认为有生于无，有形之物生于无形之道。汉代的思想虽然强调了形与神对事物构成的作用，但仍偏重于神，以神为主导。到了魏晋时期，出现了“形谢则神灭”（范缜《神灭论》）与“形尽神不灭”（主要为佛教所倡导）的争论，在文论上表现为“巧构形似”“贵尚巧似”（钟嵘《诗品》）的重形论。到了唐末，从司空图开始引发了反对形似的文学倾向，提出了“超以象外，得其环中”（司空图《诗品·雄浑》），使其后的诗文、小说、戏曲理论都开始以重意境、重传神为主要的审美趋向了。

从内容与形式的辩证关系来理解文学作品的构成，亦是西方古典哲学和美学体系以及中华人民共和国成立以来文学理论界的主要导向。较早论述内容与形式有着不可分割的辩证关系的是德国哲学家黑格尔，他清理了一般观念中把内容看作独立于形式之外的东西，把艺术的形式看作艺术成熟的重要标志之一。同时，他从亚里士多德的“四因”说出发，分辨了内容与材料的不同：材料是没有包括成熟形式在自身之内的。

马克思主义继承了黑格尔哲学中辩证法的合理内核，认为内容与形式是对立统一的，两者在一定条件下可以相互转化。作为一种内容的形式可以成为另一种形式的内容，反之亦然，它们贯穿于事物发展的始终。苏联的一些文论家继承了马克思主义运用辩证关系来探讨文学的构成，代表人物有 19 世纪的别林斯基等，他们侧重于从文学作品的内容这一角度来探讨文学的构成；毕达科夫将文学的内容与社会生活联系起来，把形式看成能够整合内容并传递内容含义的形象，因此，后者常常带有一定的社会普遍性。

中华人民共和国成立以来的文学理论教程基本上沿袭了苏联的做法。在讲述文学作品的内容时，把思想情感看作与现实生活同样重要的方面，并加入了“人”的因素；在讲述形式时，把形式看作动态的生成维度，这与中国传统文论注重创作有着一定的继承性。

在西方，有的文论将内容与形式完全等同，有的则将二者割裂，甚至把内容还原成材料。比如俄国形式主义认为，文学研究的对象是文学作品本身，要探寻文学自身的特性、规律和独立自主性，即“文学性”（literatureness）。雷·韦勒克和奥·沃伦在他们编写的《文学理论》中认为，从文学作品的多层次存在方式及层次系统出发，上述二分法过于简单。他们关注的焦点是 20 世纪的结构主义，注重文学作品的多层结构及其相互关系。而佛克马等编著的《二十世纪文学理论》则对从俄国形式主义到结构主义的文学构成观做了较为清晰的勾勒，展现了从形式角度来看待文学作品构成的另一派图景。

总之，在文学作品中，内容和形式互相依存，作家根据一定的内容选择相应的形式。当然，形式也具有相对独立性。它们之间的关系如同一个人灵与肉的关系，二者合一才是丰富的、充满灵性的。

第二节　文学作品的内容要素

文学作品的内容指作品中表现出的渗透着作家思想情感、认识评价的社会生活等，主要包括题材与素材、主题与情节、人物与环境、形象与情感。

题材有广义和狭义之分。广义的题材是指文学创作的取材范围，文学作品反映的社会领域，如历史题材、工业题材、农村题材、商业题材、军事题材、爱情题材等。狭义的题材是指作品中表现出的、经由作家在审美体验的基础上对素材进行加工、改造、提炼后的社会生活现象、心理意象、象征等。题材不同于素材。素材是作家接触到的、未经加工的原始生活材料，题材则是在素材的基础上加工而成的作品内容。题材在作品的内容中具有重要作用，是“构成已被规定了的作品内容的基本材料，是作品内容的基础”。因体裁的不同，作品的题材有不同的构成特点：抒情类作品以情感表现为核心，叙事类作品则以人物塑造为核心。题材的形成离不开作家生活实践和世界观的制约，是作家从积累的创作素材中提炼加工而成。通常，我们把社会生活看作题材的主要来源。但一些文学研究者也指出，题材虽然与一定的社会生活相关，但更多地却与“母题”相关，如俄国形式主义者。“母题”源于民间文学、民俗学研究，在文学作品中指的是不断以文学形式出现的、人类所面临的种种问题，是“最简单的叙述单位，它形象地回答原始头脑或生活中的各种问题”。例如，各种关于日食、月食的神话，各类有关民俗（如劫婚）的传说等。

情感是构成文学作品内容的另一个重要因素，它充分体现了文学创作中作家的个人因素，这使得作品成为独特的、具体的现实存在，也是文学区别于以普遍性为对象的哲学或科学的重要特征。如苏珊·朗格所说的：“艺术品是将情感（指广义的情感，亦即人所能感受到的一切）呈现出来供人观赏的，是由情感转化成的可见的或可听的形式。”“这里所说的情感是指广义上的情感。亦即任何可以被感受到的东西——从一般的肌肉觉、疼痛觉、舒适觉、躁动觉和平静觉到那些最复杂的情绪和思想紧张程度，还包括人类意识中那些稳定的情调。”人类情感无所不在，任何艺术作品都无法脱离情感，即使是“不动声色”，这本身也是一种情感。

不过在西方文论的传统中，历来对“情感”这一要素的阐释不够。柏拉图甚至认为情感是“人性低劣的部分”，而诗歌模仿这个低劣的部分，则是对理想国有害的。直到启蒙运动以后，由于人性的进一步觉醒，近代哲学出现了人文上的转折，情感这一要素才逐渐受到广泛的重视和深入的研究。比如康德既承认审美意象是一种想象力所形成的形象显现，同时又将审美判断力与情感相连，认为情感可以使认识能力生动起来。18世纪中叶，鲍姆嘉通创立美学，试图建立一种以人的感性为研究对象的科学。但在他的理论中，感性和情感仍然是“初级的”，还有待于提升到理性的高度上去。

在试图回归自然、情感，寻求完美人性的浪漫主义者那里，情感受到了空前重视。浪漫主义强调情感的自然流露，强调直抒胸臆。情感不仅是作家个人激情与自由意志的表达，更是一种源于人本身的、前所未有的创造力，它使主体逐渐摆脱理念的约束。20世纪的表现论是西方最为重要的艺术理论之一，其基本内容是阐明艺术的本质在于情感表现。克罗齐直接把艺术归结为直觉，把直觉归结为情感表现；科林伍德进一步强调艺术的表现性特征，认为只有表现情感的艺术才是真正的艺术。然而之后，在实证主义思潮影响下，客观的普遍性再一次战胜了主观的个体性。新批评的前驱者I.A.理查兹试图以理性的方法来分析情感的产生，把情感还原成各种环境——身体之间的刺激与冲动的不同类型，认为情感是可分析，甚至是可模拟并再现的东西。

对于注重个体性的中国传统文论来说，情感这一要素从一开始就处在非常重要的位置上，如《礼记·乐记》中对人的情感与社会之间的对应关系，音乐（艺术）与人的情感关系的强调等等。因此，在中国传统文论中，有“诗言志”和“诗缘情”两种强调艺术作品表现情感的观点。不过，需要注意的是，中国古代文论强调情感并不等于强调或突出主体（作家对于外部世界、对于他人的意志）的作用，相反，它强调的“情”恰恰是建立在放弃自我的主观任性，同时体察天地万物、人伦关系的基础之上的，具有普遍内涵的情感，而非一己私情。

在传统文论中，文学形象是构成文学作品内容的重要因素。文学形象塑造得成功与否，是衡量文学作品尤其是叙事类作品成功与否的重要标志。与哲学、科学、宗教等不同，文学主要用形象来反映生活，表达情感。正如黑格尔所说：“艺术观照和科学理智的认识性探讨之所以不同，在于艺术对于对象的个体存在感到兴趣，不把它转化为普遍的思想和概念。”文学形象包含着深刻的社会生活本质与内涵，既是具体的、感性的、个别的，又是带有普遍性的。

“形象”（image）一词的本意指人物或事物的形体外貌，具有可视、可触和可感的形状。日常生活中所说的形象是客观存在的，其外部形式特征是事物所固有的，而文学形象与日常生活的形象有所区别，它是作家主观虚构和艺术想象的结晶，灌注着创作者的文化情趣和审美理想。值得注意的是，西方文化自现代以来逐渐成为世界主流的文化，常常把形象看作一个独立于主观世界和客观世界之外的中介世界的思想。这个中介世界类似于卡西尔哲学中的符号世界，哲学、科学、历史、神话、艺术都是人们为了认识世界和表现世界而创造出来的符号世界，人通过符号来认识世界，世界通过符号呈现给人们。在全球化的时代背景下，形象（image）的意义表达形式逐渐发展为三种：现代艺术中的美学意象、日常生活中的各类图像和文化互动中的文化形象。

在文学理论中，人们常常把“形象”（image）与“意象”（imagery）一词混用。广义的文学形象指的是文学作品中描写的人物、景物、环境等一切有形物体所构成的艺术画面，而狭义的文学形象专指作品中的人物形象。文学形象不仅限于视觉形象，还包括人的五官感知所能感受到的一切形象，甚至包括更深层次的、经由人生感悟引发的超越“象”的境界。在西方，优秀的文学形象即典型，是作家成功塑造的生动丰富的艺术形象。较之一般的形象而言，它更能深刻地揭示和反映社会现实甚至人类历史的发展方向。而在中国古代，文学形象的塑造更多的是追求一种超越五官感知之外的“境界”，要求透过眼见之“象”，体悟人与自然、人与世界的融通之感。虽然中西方对文学形象的塑造方式、呈现方式不同，但殊途同归，都是诉诸具体物象来表达作家对世界的理解和感受。

“典型”理论源自西方，是西方文论对文学形象的深入理解，是现实型文学形象的高级形态。典型主要出现在叙事类作品中，是由一连串意象所组成的形象体系，其中那些既包蕴着丰富的社会生活内涵，又具有高度个体性的优秀形象就是典型。早在古希腊时期，柏拉图和亚里士多德就开始探讨这一问题。典型说在西方大致经历了三个主要的发展阶段：第一阶段是 17 世纪以前，以古罗马的贺拉斯、法国的布瓦洛等为代表，注重典型的普遍性和共性，强调类型概括。典型（type）一词，在希腊文中的原意是“模子”。比如布瓦洛在《诗的艺术》中说，艺术所再现的是具有鲜明性格类型的形象，如风流浪子、守财奴，或者老实、荒唐、糊涂、嫉妒等。第二阶段是18—19世纪，典型逐渐开始由重视共性向重视个性的转变。这一时期，法国的狄德罗、德国的莱辛等注意到环境对典型形成的重要作用，开始把典型与具体现实和个别性联系起来，形成了以强调个性为主的“个性特征说”。第三阶段从19世纪80年代末开始，主要是马克思主义典型观的发展和成熟，使典型理论发展到一个崭新的阶段，诸如恩格斯提出的现实主义要“真实地再现典型环境中的典型人物”等。马克思主义辩证法原理所提出的共性与个性、一般与特殊统一的规律，在一定程度上揭示了典型的内部联系，使得典型理论更加科学化和系统化。

典型形象为什么具有深刻的普遍意义呢？马克思的“人是社会关系的总和”这一观点具有较大的启示意义。丰富的社会实践塑造着一个人的性格：一方面，个人会在社会关系中体现出独特性格；另一方面，这些性格也会接受社会关系的考验与重塑。对典型形象的性格分析成为现实主义文学批评的重要传统，文学史上那些著名的典型人物之所以意味无穷，就是因为他们有着内涵丰富的性格特征。从这个意义上讲，文学批评正是通过深入的性格分析透视复杂的历史景象，透视特定历史时期的社会关系。

而“意境”是中国古典文论和传统美学的独特范畴。它由一系列意象组合而成，追求一种超越具体情景、事物和身心感知的、对宇宙人生更深广的体悟，所以它更多地出现在抒情性文学作品中。“意境”与“意象”这两个概念关系密切。“象”这个词出现在先秦时期，《周易·系辞》说“书不尽言，言不尽意”，要“立象以尽意”。到了魏晋南北朝时期，“象”逐渐转化为“意象”，在刘勰的《文心雕龙·神思》篇中有“独照之匠，窥意象而运斤”。“意”是诗人的主观情志，“象”是客观事物或形象。中国古典诗学不仅关注诗所传达的意象，更关注“言外之意”或“象外之象”，即我们所说的“意境”。“境生于象外”，强调的更多的不是某种有限的“象”，而是虚和实、有限和无限相结合的“象”，正如宗白华所言：“化实景而为虚境，创形象以为象征，使人类最高的心灵具体化、肉身化，这就是‘艺术境界’。”而在西方古典诗学中，“意象”也是一个关键词，与想象力、感知、心象、表征等诸多概念密切相关。

“意境”这个概念来自隋唐佛学，杂糅了先秦至魏晋的老庄、玄学思想。在文论中，最早提出“意境”这个词的是唐代诗人王昌龄。他在《诗格》中说：“诗有三境。一曰物境：欲为山水诗，则张泉石云峰之境……二曰情境：娱乐愁怨，皆张于意而处于身……三曰意境：亦张之于意而思之于心，则得其真矣。”后来皎然提出“缘境不尽曰情”“文外之旨”“取境”，刘禹锡提出“境生于象外”等重要命题，此后司空图、严羽等的诗论虽然不涉及意境这个词，但意境说的基本内涵和理论构架几近确立。作为正式的诗论范畴，“意境”出现在明代。朱承爵在《存余堂诗话》中说：“作诗之妙，全在意境融彻，出音声之外，乃得真味。”至晚清，王国维集前人之大成，比较完整地论述了这一美学范畴，指出其本质特征在于意与境的融合：“上焉者意与境浑，其次或以境胜，或以意胜。”意境有三个主要特征：情景交融、虚实相生和超以象外。对意境的理解与分析应该从动态角度，即情与景、虚与实等的相融相生切入，不宜把它们看作机械的叠加。关于意境的类型有多种说法，具有代表性的是两种：一是刘熙载在《艺概·诗概》中归纳的四种意境“花鸟缠绵、云雷奋发、弦泉幽咽、雪月空明。诗不出此四境”；二是王国维在《人间词话》中提出的“有我之境与无我之境”。

中西方文学艺术由于各自文化背景、哲学传统、思维方式、社会根源等的不同而呈现出不同特点，“典型”和“意境”是中西方文论最具代表性的理论范畴，是对艺术美本质探索的结晶。

第三节　文学作品的形式要素

文学作品的形式是文学作品内容诸要素的组织结构、表现手段和具体的外部形态，是文学内容的存在方式，主要有语言、结构、体裁等要素。语言是文学区别于其他艺术的根本特征；结构是文学语言的组成方式及其系统；体裁是在各民族的文学史中沉积下来的、相对稳定的结构方式。

一、语言

“文学的第一要素是语言”，它直接构成了文学作品的物质表象，但它不仅是文学构成的媒介和存在方式，也是人的存在家园。

文学作品作为作家审美意识的物化形态，必须通过文学语言来加以呈现。文学语言既是文学表现内容的手段，又是联结文学形式各因素、构成文学存在形式的要素。在文学实践和文本生成的过程中，文学语言的功能不只是表达意义、传递内容，而且诉诸感性审美层面，从而更好地表现与情感相统一的内容。

无论是中国传统的文学实践，还是西方语境中的文学实践，对文学语言的理解都有着极大的共通性。这与文学作为人类审美把握外部世界、表达主体情感和创造特殊文本的特性密切相关。

随着人类社会的不断演进，语言根据使用功能、目的、场合而发生分化。一般来说，语言具有三种基本形态：日常语言、科学语言和文学语言。日常语言突出实用目的，基本功能是传情达意；科学语言具有强烈的工具性特征，基本功能是理性的、逻辑的认识；文学语言则以审美功能为主要特征，通过声音、结构和审美特质凸显自身存在。

文学语言具有形象性、情感性、暗示性、音乐性等特征，但其审美特征最终体现为“话语蕴藉”。“蕴藉”一词，来自中国古典诗学，“蕴”的原意是积累，引申为含义深奥；“藉”的原意是草垫，引申为含蓄。文学语言的蕴藉美体现在“意在言外”、含蓄、朦胧的审美效果上。从词语、句子、音调、风格、意境等各个层面共同形成了这一特征，使文学文本包含了意义生成的无限可能性，在有限的话语中蕴含无限的意味，营造出一个特殊的情感艺术世界。

文学语言的组织有三个层面：语音层面，包括节奏和音律；文法层面，包括词法、句法和篇法；修辞层面，包括比喻与借代、对偶与反复、倒装与反讽等。

20 世纪初，西方哲学界出现了语言学转向，即通过研究文学、日常用语、逻辑等语言现象和表述方式，挖掘人类更深层的思维与文本表达之间的关系，其中一个主要倾向是从注重思维向注重表达转变。比如在俄国形式主义者看来，文学语言最重要的特征在于它并不为陈述某一具体的事件或抽象的理论服务，即不指向语言之外；相反，它指向语言本身。

二、结构

从词义上来讲，“结构”指事物各部分关联组合的方式。在文学理论中，文本结构通常指文本内部的组织架构、部分或要素之间的关联方式。文学文本的结构是一个完整的有机体，包括文本的外结构和内结构。所谓外结构，指文本所呈现的在直观上可以把握的形态特征；所谓内结构，指文本内部各部分或各要素之间的复杂关系，它隐含在文本的肌理中，具有决定文本整体性和主导风格的功能。

结构在文学作品中的表现是多方面的，包括字词的搭配、语段的组织、人物关系的处理、意象的组织等。在诗歌中，较为明显的是各种韵、格律都有严格的音节或字数限制，在朗读时能够产生音乐上的形式美感。

韵和顿的使用可以帮助形成诗歌的节奏和音律感。在“韵”方面，“诗与韵本无必要关系。日本诗到现在还无所谓韵。古希腊诗全不用韵”。但是，“就一般诗来说，韵的最大功用在于把涣散的声音联络贯串起来，成为一个完整的曲调。它好比贯珠的串子，在中国诗里这串子尤不可少”。所谓“顿”即在读完相对完整的意义段时，有一个停顿，在句子意思完全完成之后，才是停止。停顿一般依赖自然语言的停顿，由此形成的节奏也就是自然语言的节奏。由于西方的语言是注重音声的，其发音的长短轻重较容易区分，于是显出较为明显的节奏。此外，文章整体的格局安排也非常重要。以什么为纲、为主线，都表达了不同的文学观念。例如，在叙事类文学中，时间是一个常用的主要线索；而在刘勰看来，“事义”则是更重要的线索；当然，从语言、格律等方面来考察文章的结构，也是较为常见的。然而现代西方文学理论，尤其是结构主义则认为在文学的叙事中，掩藏着更深层的结构，这个结构来自人类的深层心理结构或者社会结构。在早期结构主义者那里，习惯于把这种文学叙述上的结构还原成人类心理上的固定结构，或者还原成人类始终面临并回答的问题（如生与死的关系）。这个时期的理论较为单纯，主要从叙述的功能来简化和考察文学作品。但随着理论研究的深入，一些学者开始发现这个结构有可能是变动的，如罗兰·巴特就发展了索绪尔在语言学上的能指与所指理论，提出了所谓的元语言（métalangage）。元语言是一种语言（如法文或者交通信号系统）的整体使用情况，它建立在对具体的言语使用（能指与所指结合成指称关系）之上。它不是一成不变的，它会受到变动着的社会意识形态的影响。

总之，结构的功能不仅体现在具体的文学文本中，也呈现在文学史的发展过程中，它具有动态性。一方面，文本结构不是文本结构各要素的简单叠加，而是它们之间的互动与整合；另一方面，从文学史的角度来看，这些诸要素之间存在着持续的较量，在某一时期某要素会占据主导地位。

三、体裁

从词源上讲，“体裁”（genre）这个概念源自拉丁文 genus，本义为表示生物分类体系中“属”的概念，一般的意义是“种类”或“类型”。在文学史上，它又可以被称作“文类”，是一个古老的批评概念。

在中西方的文学理论中，有着大量关于文类的文献资料。早在先秦时代，“文类”的思想就已经萌芽了，“诗三百”中的风、雅、颂就是对文类的区分。对文体的划分最早出现在魏晋时期，曹丕的《典论·论文》将文划分为四类八体，并指出它们“本同而末异”。其后的文体日趋纷杂，划分也没有定论，萧统《文选》将文类分为39类，刘勰《文心雕龙》将文类分为34类，不过也有一类依据儒家《五经》（《易》《书》《诗》《礼》《春秋》）来进行划分的。再后来，明代吴讷的《文章辨体》、徐师曾的《文体明辨》等对这一问题做过总结。应该说，中国的文体划分在产生之时就不是现代意义上的，带有实用性。与西方不同的是，这些实用文体在其发展过程中并没有完全从文学中脱离开去，而是与诗词曲赋等一起成为文学体裁的组成部分。

在西方，柏拉图和亚里士多德等就提出过文类概念。在《诗学》中，亚里士多德以模仿的媒介、对象和方式三个方面来区分不同的文类。在专论戏剧的部分，他按不同的模仿方式指出叙述与戏剧的不同。黑格尔从辩证的角度给出了文体划分之三分法的哲学基础，在客观、主观、主客观相结合的思辨视角下，叙事、抒情和戏剧也分别被赋予了辩证发展的关系。19世纪的俄国文学理论家别林斯基在黑格尔理论的基础上做了更详尽的发挥。但在20世纪以后，文论界出现了对这种划分方法的质疑，如瑞士的施泰格尔就提出不要把具体的文学体裁，如诗歌与抒情类文学固定地联系在一起，而是把抒情、叙事、戏剧看成一种观念，这些观念之间是可以交叉使用的，如抒情式戏剧。

总之，文类是一个历史范畴和文化范畴。不同的时代有不同的文类及其划分标准；不同的文化也因其独特的传统而有不同的文类及其区分标准。同时，文学史上还存在具有持久性和普遍性的文类，比如戏剧和诗歌。

每一种文学体裁都经历了从产生、发展到成熟的过程，这是文学文本的具体存在形式，是塑造形象、表达情感、结构布局、语言运用等方面呈现出来的具有稳定性的审美形式规范。文学史上对体裁的划分标准不一，主要有二分法：把文体分为韵文和散文。三分法：把文学作品分为叙事类、抒情类和戏剧类。四分法：把文学作品分为诗歌、小说、散文和剧本。这些分类方法在使用的时候也不是截然分开的，它们之间互有交叉，如抒情诗歌、叙事诗，议论散文、叙事散文等。

第五章　汉语言文学创作基础

传统文学理论认为，文学创作是文学活动中最重要的环节，决定着文学作品的基本面貌，文学作品的内容和形式，尽管受到社会生活和文学传统的深刻影响，但最终都是文学创作的直接结果；同时，文学创作也是文学活动中最能体现主体性的环节，从构思到写作，都是创作主体的精神劳动。在西方文学理论中，再现论传统源远流长，主张文学艺术应该逼真地再现现实世界，但是，从古希腊的模仿论到文艺复兴时期达·芬奇的“镜子说”，再到19世纪的现实主义和自然主义，甚至马克思主义的意识形态反映论，这个传统并未忽视艺术家在艺术再现过程中的主体作用。同样源于古希腊的表现论传统，更是把文学创作看作对作家主体精神世界的表达。中国古典文论对文学创作主体性的强调更为突出，“言志说”“缘情说”“物感说”“养气说”“载道说”“童心说”“性灵说”等，尽管具体针对性各有不同，但都一致肯定了作家主体性在文学创作中的主导作用。以作者为中心的理论体系之所以在中、西文学传统中都长期占据主流地位，一个很重要的原因就在于对文学创作的主体性的高度重视。

20世纪以来，上述关于文学创作的两种基本认识都遭到了质疑和挑战。一方面，文学的阅读和接受环节受到空前的重视，读者通过文学阅读过程不仅参与了文学意义的生产，而且读者的审美需求和阅读习惯也可能直接影响到作家的创作。文学的创作与阅读是相辅相成的，文学创作的成品是文学阅读的对象，同时，任何文学创作都以一定的文学阅读作为基础和前提，任何文学创作也都有对假想读者的预设。因此，文学创作不再是由作家及其创作过程单方面决定的，读者和文学接受同样参与了创作过程。现象学美学、阐释学、接受美学、读者反应批评等理论都有这方面的相关论述。另一方面，在后结构主义的冲击下，主体性哲学摇摇欲坠，主体不再是一个固有的、稳定的存在，而是被各种社会因素建构起来的，并始终处于不断被重构的状态。按照这个逻辑，对于文学创作的主体性，也有必要进行重新认识。既然作者的主体是被建构的，主体本身就具有被动性，那么，文学创作的真正主宰者就不是实际的作者，而是建构作者主体性的种种社会文化力量。罗兰·巴特的“作者之死”，其实就是说，作者不是作品意义的最终来源和真正控制者，传统文学理论赋予作者的权威是不恰当的，后结构主义的质疑已经使之坍塌。当代的身份批评虽然也重视对作家主体的研究，但对于文学创作主体性的认识，已经与传统的作者中心论有很大不同。

从古至今，人们对于文学创作的认识有变化，有分歧，发展出各种理论观点。但所有这些理论，都离不开对以下几个基本问题的探讨：一是文学创作的性质；二是影响文学创作的因素；三是文学创作的具体过程和基本规律。

第一节　文学创作的双重属性

文学创作作为一种特殊的精神文化生产，具有双重属性：一方面，它具有一般文化生产的性质，是在特定的社会物质条件和社会文化环境中进行的；另一方面，它又是一种独特的艺术创造活动，是经由作家个体的艺术实践而得以实现的。

一、作为文化生产的文学创作

文化生产是人类社会实践的重要领域，一般文化生产的性质，使文学创作具有鲜明的社会性。从历史性的角度来看，首先，文化生产是人类社会发展到一定阶段的产物：只有在满足了基本的物质生存的条件下，人类才有余力从事文化生产活动，这是文学创作得以存在的社会前提；只有在社会分工出现以后，才会产生专门的文化生产部门和文化生产者，这是文学创作得以专门化的社会前提。其次，不同社会发展阶段所能提供的不同物质技术条件，也对文学创作产生着重要影响。例如，在各民族的文学发展中，韵文优先于散文是一种普遍现象。这正是因为，在造纸术发明和广泛使用之前，用于记录文字的材料要么昂贵，要么不便，口耳相传是当时重要的传播方式，因而朗朗上口、便于记忆的韵文成为文学创作的首选。随着造纸术和印刷术的日益成熟，篇幅较长的散体文创作才逐渐繁荣。长篇小说在文学史上相对其他文学体裁要出现得晚，社会物质技术条件的限制是一个重要原因。同样，小说创作在现代时期的繁荣，也在很大程度上得益于机器印刷、商业出版和教育普及等社会物质文化条件的提升。最后，不同社会发展阶段对文化生产的组织方式，也影响着文学创作的性质和方式。20世纪以来，随着商品生产的逻辑从物质生产领域不断向各种文化生产领域扩张，人们提出了“文化产业”的概念，出版机构除了对文学作品的艺术水准、思想道德水准进行把关之外，还增加了商业运作的功能，文学作品也同时具有了文化商品的属性，这既从宏观上对作者的自我定位和文学观念发挥影响，也在题材的取舍、风格的形成、文体的选择等方面对文学创作产生具体影响。

从共时性的角度来看，首先，任何语种、民族和地区的文学创作，都与其所处社会区域的物质文化生活具有不可分割的联系；因而文学创作像任何文化生产一样，不可避免地具有民族性、地方性，这也使得世界范围内的文学创作在艺术形式、题材内容等方面呈现出千姿百态的面貌。例如，中国古典诗歌的整齐对仗，西方十四行诗交替回环的用韵，即是分别建立在汉语和拼音文字的不同语言特征的基础之上。其次，不同文化生产部门之间的相互影响，也把诸多社会性因素带入文学创作。文学创作中的宗教影响，不仅体现于文学创作对宗教题材的选择，对社会生活中的宗教内容的具体反映，更体现为宗教思想对创作主体世界观、伦理观、人生态度、情感体验、审美心理的多方面影响。科技的发展，不仅催生了科幻小说这一新的文学体裁，从而为文学创作提供层出不穷的新鲜题材，也为文学创作在艺术形式上的探索开拓了新的空间，比如，复杂的叙事技巧的发展与传播技术的现代化不无关系；当下网络传播的超链接技术和集文字、声音、动态图像于一体的多媒体技术，也正在给文学创作带来前所未有的可能性。

总之，文学创作作为文化生产，其生产过程和生产方式具有社会性，在精神内容、意识层面上具有社会性，在艺术形式、审美风格上也具有社会性；而人类社会物质生产的发展程度与组织方式也经由这些社会性因素间接地影响文学创作。

二、作为艺术创造的文学创作

然而，文学创作不仅仅是一般的文化生产，它还是一种艺术创造活动，具有个性化和超越性的特征。文学创作是一种个体精神劳动，是个人艺术天赋、文学修养、生活阅历、思想境界的凝结；而前面谈到的文学创作的社会性，也是经过作家的个体实践才得以呈现出来的。进入文学创作的社会生活，是作家所感知的社会生活，打上了作家个人的心灵烙印；最终呈现在文学作品中的社会生活，以一种独特的语言形态和叙事结构而存在，体现了作家创造艺术形式的才能和风格。同一种社会生活内容，经过不同作家的体验和创作，最终在作品中可能呈现出非常不同的面貌。古今中外的文学史上都不乏这样的例子。1923 年夏，朱自清和俞平伯同游秦淮河，事后同以“桨声灯影里的秦淮河”为题各写就一篇散文，每人对游历的记载各有侧重，由景物人情引发的思绪也颇为不同，文笔风格意境更是各异其趣。这个例子充分说明了文学创作的个性化特征。

艺术创造活动的心理动力源于内在的审美需求，它对于现实的物质条件和社会文化环境具有一定的超越性。主要体现在三个方面：对现实生存的功利性的超越，对具体模特和范本的超越，对某些落后于时代的社会道德秩序的超越。从第一个方面来讲，人类的需求是多层次的，在基本需求的层次上，人们以功利性的眼光审视自身与世界的关系，以功利性为目的进行社会实践活动，人类的现实存在是不自由的；在更高的需求层次上，人类还要追求精神自由、心灵愉悦，艺术创造活动正是满足后一种需求的主要途径。因此，艺术创造活动不会受限于现实功利逻辑。一双被扔掉的破旧农鞋在现实生活中毫无价值，人们也不会留意它的形状和质地，但经过梵高的艺术创造，它成为审美对象，人们从它破损泥污的形象中感知到多种信息，引发种种体验感悟，这双进入画布的农鞋也因此被创造出新的价值。。从第二个方面来讲，生活是艺术的范本，但艺术不会按生活的原样原封不动地进行临摹，而是按照审美原则进行创造性加工，被创造出来的艺术形象，往往凝聚着艺术家的理想。例如，人体雕塑创造出来的是理想的人体形象，在身体比例上比现实中的模特更符合标准。亚里士多德在评价古希腊戏剧家时曾这样说“正像索福克勒斯所说，他按照人应当有的样子来描写，欧里庇得斯则按照人本来的样子来描写”，他更推崇索福克勒斯的创作，“应该有的样子”正是体现了艺术创作对现实的超越。为了超越现实的局限，艺术家不仅对模特或素材加以改造，还往往根据多个模特进行取材，“杂取种种人，合成一个”，鲁迅在谈自己的小说创作时就指出，“所写的事迹，大抵有一点见过或听到过的缘由，但决不全用这事实，只是采取一端，加以改造，或生发开去，到足以几乎完全发表我的意思为止。人物的模特儿也一样，没有专用过一个人，往往嘴在浙江，脸在北京，衣服在山西，是一个拼凑起来的角色”。从第三个方面来讲，社会的价值观念和道德秩序是在社会生产关系和生存状态的基础上形成的，但它一旦形成，就拥有相对的独立性和稳定性，当后者发生急剧变化时，价值观念和道德秩序跟不上变化，就体现出一定的滞后性。在文学史上，我们常常发现这样的现象，在社会变化比较剧烈的时期，文学对现实的批判尤为突出，在当时被斥为伤风败俗，被列为禁书的一些作品，在新的时代则被誉为启蒙的先驱。这种评价上的变化，其实正好体现出这些作品在思想精神领域的敏锐性和先锋性，正好体现了文艺创作对于那些落后于时代的价值观、伦理观的超越。

在具体的创作实践中，文学作为艺术创造活动而具有的个性化、超越性，与文学作为文化生产活动而具有的社会性，是并存的，是对立统一的，这样的双重属性为文学创作带来了极大的张力。

三、文学创作的主体

既然文学创作具有艺术创造与文化生产的双重属性，那么，创作主体就不只是作为个体而存在的作者，还包括文化生产体制和文化生产机构。前者是通常意义上的作者，即狭义的作者，他们是文学作品的直接写作者；后者是广义的作者，包括组织、策划、出版等生产环节，它们也或直接或间接地参与了文学创作过程，并对文学作品的最终形态产生影响。在传统的文学创作论中，对作者的关注主要集中于狭义作者，而把生产传播环节笼统地理解为影响文学创作的社会文化因素，没有充分认识到它们也是创作主体，并对创作过程有直接的介入。20世纪以来，西方哲学对主体性问题的思考有所深入，文学理论对创作主体的认识也有明显的扩展。

文化生产的体制和机构，其主体性体现在以下几方面。

（一）通过文学创作的选题策划和编辑修改等环节，与狭义作者形成直接的合作互动关系，从而介入具体的文学创作过程。

（二）文化生产机制对一定时期文学标准和创作方式的形成有相当程度的参与，在宏观上影响文学创作，如从个人兴趣出发的业余创作与在现代文化生产机制下的职业化创作相比较，作家对题材、风格、体裁的选择，作家所表达的思想倾向、价值观念，以及作家的创作方式和进度，都会有所不同。

（三）文化生产机制也参与对作家身份的认定，对作家成就的评价，从而把自身对文学创作的要求投射在作家的自我要求和创作过程之中。

（四）文化生产机制还参与对文学作品的推广传播，这不仅直接介入了对文学之意义系统的创造，也使作家在文学创作中必然纳入对传播方式、传播对象的考虑。例如，随着现代文化市场的形成，文化生产机制从传统的作者主导型转变为市场主导型，文学作品的传播范围也得到极大扩宽，从而使影响创作过程的因素更为复杂，使创作主体的构成更为复杂。

总体而言，作为狭义作者的创作者个体与作为广义作者的文化生产机制，都是文学创作的主体，二者之间既存在一定的对抗性，又形成相互依赖、相互妥协的关系。因而创作主体既是个体性的，又是社会性的。

第二节　文学创作的影响因素

文学创作的双重属性，决定了文学创作是主体与客体相互作用的过程，其既离不开作家个人的精神劳动，又是在具体的社会历史语境中发生的，同时，文学创作还依赖于一定的文学传统。影响文学创作的因素纷繁复杂，一般可以从作者、社会和文学传统三方面进行考察。

一、文学创作与个人素质

文学创作是一种个体化的、创造性的特殊精神文化活动，它对作家的个人素质有特别的要求。中外文学理论有大量相关论述，有的认为作家的艺术才能主要来自个人天赋，比如柏拉图的“灵感论”，康德的“天才论”，克罗齐、科林伍德的“直觉表现主义”，曹丕的“气之清浊有体，不可力强而致”，王国维的“主观之诗人不必多阅世”等。有的看重后天的阅历和艺术修养，中国古人有“诗穷而后工”的说法，西方从古希腊起就强调修辞、结构等技巧的重要性。还有一种看法认为，天才和后天的阅历、训练相结合，才能真正成就一个优秀的艺术家，这种看法更符合实际，也是古今中外的主流观点。古罗马的贺拉斯在《诗艺》中明确指出：“苦学而没有丰富的天才，有天才而没有训练，都归无用”，清代叶燮提出的“才、胆、识、力”说，这些都是第三种观点的代表。

具体而言，文学创作所需的艺术才能主要体现在两个方面：一是对生活经验具有高度的艺术敏感，二是对审美形式具有高度的艺术敏感。

第一种素质，使作家比一般人更擅长把生活经验转化为艺术经验。任何文学创作都不是凭空产生的，不可能是“无米之炊”，它必然以一定的生活经验作为创作材料。但文学创作不是对生活经验进行历史还原或客观再现，而是把生活经验作为艺术体验的对象，经过作家主观的选择、提炼、加工之后，形成一种想象性的艺术经验。它凝聚着作家的感受和情绪，此时它还只是存在于作家的想象之中，但已经是一种创造物，相对于原有的生活经验，已经被赋予了新的意义。生活经验分为直接经验和间接经验。直接经验与文学创作的关系较为显性，不少文学作品都带有作家自身经历的影子；间接经验在文学创作中的呈现更为隐性，往往要通过作家对自己创作过程的解说，才能发现其痕迹。间接经验给作家带来更多自由发挥的空间，也对作家的艺术才能有更高的要求。大多数时候，作家对间接经验的接受是零散的，是不完整的，这需要作家对经验材料的意义进行创造，使原本互不相干的经验材料因为新的意义关联而成为一个有机整体。

在想象中把生活经验转化为艺术经验，只是完成了文学创作的一半，作家还需要第二种素质，即对于审美形式的艺术敏感。如果没有审美形式作为艺术经验的载体，艺术经验就只存在于作家的想象之中，只属于作家个人，不属于读者，不属于社会，也不能进入文学传统。能否为艺术经验创造出恰当的审美形式，是艺术作品成功与否的关键。

陆机在《文赋》中所讲的“恒患意不称物，文不逮意”，就涉及文学创作对两种素质的要求。如果对生活经验缺乏艺术敏感，作者或者对经验材料（物）视而不见，或者从经验材料（物）中感受、提取的意义显得牵强或平淡，缺乏艺术深度，这就是“意不称物”；如果对审美形式缺乏艺术敏感，则不能为作者对生活的艺术体验（意）找到恰当的载体，使艺术体验（意）在表达和传递的过程中发生扭曲或损耗，这就是“文不逮意”。这两方面素质的获得，既需要一定的艺术天赋，也需要后天的艺术修养。

除艺术才能之外，学识、思想、胸襟、阅历，也是有利于文学创作的重要个人素质。这些素质首先可以丰富作家的间接生活经验，扩大文学创作的素材基础。其次，这些素质可以开阔眼界，提升境界，使作家对生活经验的艺术体验更为丰富和深刻。最后，这些素质也有助于作家增强艺术形式方面的修养，如中国古典诗词中的用典就是从学识中发展出来的一种艺术形式。

综上所述，文学创作是有门槛的，在艺术和思想学识上具有必要的素质，是文学创作的前提。此外，其他一些个人因素，比如作家的人生经历、个性偏好，以及某些偶然的触发因素，都会对具体的文学创作产生一定影响。

二、文学创作与社会因素

文学创作虽然是个体精神劳动，但任何作家都生活在一定的社会关系网络之中，其创作过程也是在一定的社会环境中进行的，因而时代性、民族性、社会伦理观念、宗教思想、文化生产方式等多种社会性因素都会对文学创作产生影响。这些因素既是文学创作的重要素材，又制约着作家主观世界的形成。因此，作家对生活进行怎样的艺术体验，从经验材料中提炼怎样的主题，都会受到这些因素的影响或引导；另外，这些因素也影响作家对创作方式和艺术形式的运用。刘勰的“时运交移，质文代变”，就指出社会性因素对文学的精神内容和艺术形式两方面都会产生影响。

时代生活内容和时代精神风貌通常对文学创作产生重要影响，甚至构成一定时期文学作品共有的时代主题。18、19 世纪的法国，资产阶级作为一种新兴的社会力量，急欲改变原有的社会秩序，表现出蓬勃的生命力和进取心，而封建贵族并不愿意主动放弃既得利益，不同势力、不同利益之间矛盾尖锐、对抗激烈，导致了大革命、拿破仑帝国的扩张、波旁王朝复辟等一系列的社会动荡。19 世纪法国文学成就达到一个历史高峰，与这一时期的文学家们对时代的深切关注是分不开的。

民族性对文学创作的影响如同盐溶于水，无处不在，因此，文学也往往是一个民族的文化精神的重要表征，是民族文化的主要构成内容。民族性的生活内容是文学创作的直接经验材料，民族语言直接塑造了文学的面貌，民族性的价值观念和审美心理制约着文学的思想、情感、风格、形式，民族文化气质赋予文学独特的精神风貌和艺术魅力，民族命运也往往是文学创作的关注焦点，尤其是当一个民族面临某种危机或处于历史转折的时期。中国近现代以来的文学创作就与我们民族的脉动息息相关。

道德伦理观念与文学创作之间的影响关系是双向的。文学创作关注人类生活，道德伦理是其中的重要内容，具体文学作品所体现的道德伦理观念，大体上与作家的道德伦理观念一致，不可避免地受到社会主流道德伦理秩序的影响；同时，文学作品的道德内容，也对社会价值观念产生影响，尤其因为文学诉诸感性，其艺术感染力往往使得文学作品的道德熏陶作用优于一般的道德宣传。在历史上，人们很早就注意到文学艺术的教化功能，常常据此对文学创作提出道德要求，比如儒家的“美教化，移风俗”，古希腊亚里士多德的“净化说”等。

社会性因素并非孤立地对文学创作发挥影响，而是通过相互作用、相互牵制形成合力。泰纳提出的“时代、种族、环境”三元素说，法兰克福学派揭示的意识形态与文化市场的共谋，布尔迪厄提出的“文学场”等，这些理论都指出社会性因素对文学创作的影响是综合性的，并以此判断为基础建立了各自的理论解释框架。

三、文学创作与文学传统

文学与现实客观世界和作家主观世界都存在密切关系，同时，文学自身也构成一个相对独立的世界，这就是文学传统，包括作为实体存在的作家作品的集合，以及在精神层面上存在的关于文学感受、审美标准、形式规范的共识，这两个层面相互印证、彼此补充。文学传统是动态的，是一个人类文学实践的积累过程，对既有的文学创作进行筛选、评价，实施经典化，为未来的文学创作提供标准和范本。对于作家而言，文学传统是一个无法回避的既有存在，具体的文学创作也总会受到文学传统的影响。

这种影响首先体现为，人们通常是从一定的文学传统中获得关于文学的基本判断，比如，什么是文学，什么是好的文学作品，什么是作家，什么是语言技巧，什么是艺术虚构等。这些认识为作家进行创作提供了一个基本的规范，使强调感性、个性化、独创性的文学领域仍然要遵循一个相对稳定的创作标准，类似于T. S. 艾略特所说的文学的“历史感”和“同时并存的秩序”。

其次，文学传统有助于作家提升艺术修养，积累创作经验。从意识上讲，作家在文学传统的熏陶中发展自身的艺术品位、审美能力、思想情操。从技巧上讲，作家需要从前人的经验中学习怎样处理经验材料，怎样运用艺术技巧。正如歌德所说：“各门艺术都有一种源流关系。每逢看到一位大师，你总可以看出他汲取了前人的精华，就是这种精华培育出他的伟大。像拉斐尔那种人不是从土里冒出来的，而是植根于古代艺术，汲取了其中精华的。”绘画如此，文学创作同样如此。我们在作家对自己创作经历的回顾中，常常看到他们与文学传统的渊源。巴金说过：“我在法国学会了写小说，我忘记不了的老师是卢骚（今译卢梭），雨果，左拉和罗曼·罗兰。”废名说过：“就表现的手法说，我分明地受了中国诗词的影响，我写小说同唐人写绝句一样，绝句二十个字，或二十八个字，成为一首诗，我的一篇小说，篇幅当然长得多，诗是用写绝句的方法写的，不肯浪费语言。……就《桥》与《莫须有先生传》说，英国的哈代，艾略特，尤其是莎士比亚，都是我的老师，西班牙的伟大小说《堂吉诃德》我也呼吸了它的空气。总括一句，我从外国文学学会了写小说，我爱好美丽的祖国的语言，这算是我的经验。”

再次，文学传统形成了一定的文学类型、文学母题，在不同时代、不同作家的创作中反复出现。文学类型，有西方的骑士小说、流浪汉小说、成长小说、公路小说等，中国的家族小说、神怪小说、历史演义等。文学母题，有西方文学中的神话母题、宗教母题，中国古典诗歌中的怀乡悼亡、伤春悲秋等。这些类型和母题，一方面，因为它们反映人类生存中的某些常见境遇，或表达人类的某些深层愿望，或触及某些基本的心理状态，从而吸引文学创作不断以此为题进行演绎；另一方面，这些类型和母题的不断重现也与文学传统有关，或者是前人的作品赋予它们巨大的艺术魅力，形成文学传统中的经典形象，对后来的文学创作产生影响，或者是前人的作品有令人意犹未尽之处，也吸引后来者进行再创作。

最后，文学创作对传统不仅是被动的模仿和继承，而且是不断融入新的创造，使文学传统不断丰富，甚至，新的创作还会以有意颠覆传统的方式来突出自身的创造力。因此，文学传统不仅从正面影响文学创作，而且，作为一个力求突破的对象，也从反方向影响着作家的艺术探索。塞万提斯创作的《堂吉诃德》，就是出于对流俗的骑士小说的不满。在文体的发展过程中，也常有这样的现象。王国维就曾经从突破传统、激活创造力的角度来解释中国古典诗词在文体格律上的演变。“四言敝而有《楚辞》，《楚辞》敝而有五言，五言敝而有七言，古诗敝而有律绝，律绝敝而有词。盖文体通行既久，染指遂多，自成习套。豪杰之士，亦难于其中自出新意，故遁而作他体，以自解脱，一切文体所以始盛终衰者，皆由于此。”俄国形式主义以“陌生化”作为文学发展的动力，美国文学理论家哈罗德·布鲁姆以摆脱“影响的焦虑”来解释诗人对传统、对前辈的修正和突破，也都是从颠覆与创新的意义上来看待文学传统对文学创作的影响。

作家的个人素质与人生阅历、民族性、时代性、政治环境、伦理观念等社会历史因素，以及文学传统，对于文学创作而言都是重要的影响因素，它们既给文学创作提供各种材料和资源，也给文学创作带来种种限制。因此，文学创作与各种影响因素之间构成复杂的矛盾关系，文学创作作为一种精神创造活动，既不能绝对摆脱各种客观的和主观的条件，又总是力求对个人的、社会的、传统的种种限制进行抵抗和超越。

第三节　文学创作的动态过程

在分析了文学创作的双重属性和影响因素之后，以下将具体考察文学创作过程。创作过程是文学活动的主要环节之一，一般包括以下两个层次：一是在艺术体验中创造审美意义系统，即通常所说的艺术构思；二是为意义系统创造独特的艺术形式，即通常所说的艺术表达。在具体创作实践中，这两个层次可能是同时进行的，也有可能是分阶段完成的。

一、对世界与生活的艺术掌握

人类在面对自然世界和社会生活时能够对之进行艺术的把握，这是一切艺术活动的前提。德国哲学家康德认为纯粹理性、实践理性、判断力先天地存在于人类的主体精神结构，因此，在精神活动中相应地形成了科学、伦理、艺术三大领域。马克思在《1844年经济学哲学手稿》和《〈政治经济学批判〉导言》等著作中进一步指出：人类掌握世界具有四种基本方式：理论的方式，艺术的方式，宗教的方式，实践精神的方式。艺术掌握的方式，意味着人类能够把主体内在的尺度运用到对象身上，能够按照美的规律来进行创造。可见，人类在认识和体验世界的过程中，不仅有能力发现其中的自然规律，对世界进行改造使之符合人类生存的实际需要，有能力建立一定的道德伦理秩序以调节各种社会关系，也对世界进行神学的解释使之符合信仰的需要，还能超越于物质的、道德的、科学的、宗教的各种功利之外，专门关注事物的外观和形式，从中获得审美快感。于是，经过艺术掌握而重新呈现人们心目中的世界，具有独特的形象和意义。“山石荦确行径微，黄昏到寺蝙蝠飞。升堂坐阶新雨足，芭蕉叶大栀子肥。”（韩愈《山石》），在眼目所及的景物中，率先吸引诗人的是嶙峋的山石，诗人对它的兴趣不在于要了解它的矿物质构成或地质年代，不在于要用它来铺路筑桥，而是因为它坚硬的质地、奇特的形状、厚重的色泽，或者是它与周围环境的关系，触发了主体的某种感性体验，似乎在一刹那向人昭示出心灵与世界之间的某种潜在关联。这种体验就是人对世界的艺术掌握。又譬如一段人生经历，如果人们感兴趣的不是从中获得某种道德教训或生活常识，不是对之进行社会学考察，也不是以之印证某种宗教理念，而是从中感受人物的鲜活个性，理解其中的人性与心理，想象其中的情绪体验和人生境遇，并由此触动、补充、发挥自身的人生体验和价值思考。这也是人对世界的艺术掌握。

一般人在对世界与生活的精神把握中，多多少少都会产生一些艺术体验，但这种艺术掌握大多是无意识的、不自觉的，一般不会进一步发展为艺术创作。比如看见美丽的自然景物，一般人会产生审美愉悦，但未必会就此写诗作画。艺术家则不同，他们能够意识到自己对外物的某种感受是艺术体验，甚至有意识地为平凡的风景赋予不同寻常的美感，有意识地从普通生活场景中挖掘能够反映社会生活本质，能够触及人们灵魂深处的意义，化腐朽为神奇。朱自清眼中的清华园荷塘，托尔斯泰眼中的牛蒡花，与一般人所见大相径庭。一个普通的由婚外恋引发的悲剧，在福楼拜心目中，可以成为贵族式教育，平庸的生活和道德，以及对人性虚荣的社会现实的整体批判，于是有了《包法利夫人》。路途遇雨，在人们的日常生活中司空见惯，苏轼却由此悟出“回首向来萧瑟处，归去，也无风雨也无晴”（《定风波》）的人生境界。英国诗人济慈无意间听到夜莺鸣叫，便为那一只飞鸟、一声天籁创造出穿越亘古时空、穿越生死流转的永生的象征意义（《夜莺颂》）。艺术家对这种超乎常人的敏感的审美感受，往往都有切身体验和自觉认识。雕塑家罗丹曾说：“所谓大师，就是这样的人，他们用自己的眼睛去看别人见过的东西，在别人司空见惯的东西上能够发现出美来。”福楼拜在对莫泊桑谈创作时也强调：“对你所要表现的东西，要长时间很注意去观察它，以便能发现别人没有发现过和没有写过的特点……最细微的事物里也会有一点点未被认识的东西，让我们去发掘它。为了要描写一堆篝火和平原上的一株树木，我们要面对着这堆火和这株树，一直到我们发现了它们和其他的树其他的火有不相同的特点的时候。”艺术家甚至能从墙上的污迹中看出风景，钱钟书就曾举出这种中外皆有的例子，中国的例子出自《梦溪笔谈》：“汝先当求一败墙，张绢素讫，倚之败墙之上，朝夕观之。观之即久，隔素见败墙之上，高下曲折，皆成山水之象，心存目想。”西方的例子则出自达·芬奇：“达文齐亦云，作画时构思造境，可面对败墙痕斑驳或石色错杂，目注心营，则人物风景仿佛纷呈。”

所以，日常生活中人们对世界的一般性审美体验，与文学创作过程中作家对世界的艺术掌握，虽然具有关联性和相似性，但并不能完全等同。后者是一种综合了长期生活积累、艺术积累和敏锐的艺术天赋而产生的精神活动，也是一种综合了知觉、想象、情感、理性的精神活动，能够从个别的、特殊的物象中意识到它作为类的存在，在偶然的境遇中体悟到人类普遍的命运，能够为眼前的物象创造出新的形象，赋予新的意义，比一般性审美体验更具概括性、创造性。这种创造性的构思，最初往往是作家因外物触发而产生的无意识活动，但它的完善成形，却离不开作家对既有积累进行有意识的筛选、增删、改造、整合。

二、以形式为载体的艺术加工

在艺术家对世界的审美把握中，世界已经不再是原来的状态，而是呈现出新的形象和意义，但它们可能还只是存在于艺术家的主观意识之中，如果要记录、描绘、传递这些形象和意义，就需要为之创造审美形式，艺术作品总是以具体的语言文字、线条、形体、色彩、音符、旋律等实体形式而存在的。

有些时候，艺术形象和审美形式是同时获得的。例如，在某些诗歌创作中，生成意义系统的不是那些已经被抒发了无数遍的思想情感，而是对意象的捕获和音韵格律的呈现。梁宗岱甚至这样解说象征主义的“纯诗”：“所谓纯诗，便是摒除一切的客观的写景、叙事、说理以至感伤的情调，而纯粹凭借那构成它的形体的元素——音韵和色彩——产生一种符咒似的暗示力，以唤起我们感官与想象的感应，而超度我们的灵魂到一种神游物表的光明极乐的境域。”一些小说作家有意识地运用独特的叙事形式来构造意义系统，如伍尔夫的《到灯塔去·达洛维夫人》，博尔赫斯的《交叉小径的花园》，帕穆克的《我的名字叫红》等，在这些例子中，艺术形式本身就意味着作家心目中的形象和意义。除文学之外，在其他艺术门类中也存在此种情况，如中国的书法艺术和写意画，其艺术形象与意义系统就是随审美形式而出现的。

当然，在大多数创作过程中，作家是首先在对世界和生活的审美把握中逐渐构想出凝聚着意义的艺术形象，经历了艺术情绪的激荡，随之产生艺术表达的欲望，然后进入创造艺术形式的阶段。“我们自身灵性里以及周遭空气里多的是要求投胎的思想的灵魂，我们的责任是替它们构造恰当的躯壳，这就是诗文与各种美术的新格式与新音节的发现。”不仅艺术构思可能经历一个长期过程，比如雨果最初了解到农民皮埃尔·莫兰的遭遇，触发创作动机，到他正式开始写作《悲惨世界》，中间已有近 20 年的间隔，而这部作品又历时14年才最终完成。艺术形式的创造成型，也可能是一个长期的、反复的过程，曹雪芹写《红楼梦》就曾“批阅十载，增删五次”，推敲不已的诗人贾岛更曾感慨“两句三年得，一吟双泪流”（《题诗后》）。

创作过程中之所以存在这样的困难，固然可以从作家的艺术才能中寻找原因，但更为本质的原因在于，艺术形式对于形象和意义的表达总会具有这样那样的局限性。郑板桥从自己的绘画创作经验中，体会到“眼中之竹”“胸中之竹”“笔下之竹”三者的不相吻合，形象地说明了艺术家头脑中的艺术形象不是实物的再现，而是以经验材料为基础的创造物；而艺术形式又具有一定的独立性，它本身要生成意义，并非只是作为媒介或容器负载先于作家头脑中的形象与意义。从消极的角度来看，这意味着任何艺术形式都难以完美地呈现出艺术家希望表达的形象内容和意义系统，以有形的线条、色彩、形状为载体的绘画尚且如此，以更为抽象的语言符号为载体的文学就更是如此。中国古人很早就注意到“言不尽意”的现象，陆机讲过“文不逮意”（《文赋》），刘勰讲过“意翻空而易奇，言征实而难巧”（《文心雕龙·神思》），苏轼讲过“能使是物了然于心者，盖千万人而不一遇也，而况能使了然于口与手者乎？”（《答谢民师书》）然而，对于文学创作而言，“言不尽意”也可能产生积极的影响：一是有助于发挥艺术形式的独立审美意义，使人们充分感受音韵格律辞藻结构之美；二是使艺术形式的创造同时也成为意义系统的再创造，作家对存在于头脑中的艺术体验的表达，就不仅仅是为之寻找一个载体、一个形式，而是对于形象和意义的再次打造。所以，当作品真正成型以后，所生成的艺术形象和意义系统可能与作家最初的设想有所差别。所以，中国古人意识到“言不尽意”之后，并不是被动接受这种局限，而是化被动为主动，一方面把诗歌、文章的形式之美发挥到淋漓尽致的地步，融整齐对称与错落有致为一体，集回环呼应与摇曳多姿于一身；另一方面有意识地追求“言已尽而意无穷”的表达效果，形成了含蓄隽永、意味深长的民族审美风格。西方艺术家在意识到艺术形式的局限性之后，也开始突破再现论传统“艺术模仿现实”的观念，突破表现论传统“艺术表现心灵”的观念，不再把艺术形式视为表达工具，而强调艺术形式本身所能创造出的审美意蕴，在理论上提出“形式的陌生化”、语言的“诗功能”、“有意味的形式”、“文本的召唤结构”等新见，在创作实践上发展出各种新颖的语言风格、叙事技巧和结构形式，使20世纪的文学创作继19世纪现实主义、浪漫主义达到高峰之后，得以凭借现代主义而走向新的艺术高峰。

就文学创作过程而言，以形式为载体进行艺术加工是一个必经阶段，它是文学创作的最终完成，是作家艺术体验、艺术才能的实体化，也是作家艺术个性的体现。对艺术形式的加工一般遵循审美性、创造性、个性化的原则，但这个阶段不仅是对艺术形式的打磨，更是对意义的重新提炼，对形象的重新锻造。在一个完整的创造过程中，艺术形象的生成与艺术形式的实现，虽然从理论上讲是两个层次，但在艺术实践中是很难被截然分开的。

三、创作过程中的灵感现象

在文学创作的两个层次中，都有可能出现灵感现象。灵感是一种特殊的精神状态，在这种状态中，艺术感知特别敏捷活跃，创作主体能于一刹那间不由自主地捕获到平时经过艰苦构思也难以得到的艺术形象与审美意蕴，能够“下笔千言，倚马可待”地写就平时经过千锤百炼也难以拥有的清词丽句。许多作家都曾经谈到对灵感状态的切身体会，陆机说：“若夫应感之会，通塞之纪，来不可遏，去不可止……虽兹物之在我，非余力之所戮。故时抚空怀而自惋，吾未识夫开塞之所由也。”皎然说：“有时意静神王，佳句纵横，若不可遏，宛若神助。”汤显祖说：“自然灵气，恍惚而来，不思而至，怪怪奇奇，莫名其状。”歌德说：“事先毫无印象或预感，诗意突如其来，我感到一种压力，仿佛非马上把它写出来不可。这种压力就像一种本能的梦境的冲动。在这种梦游症的状态中，我往面前斜放着一张稿纸而没有注意到，等我注意到时，上面已写满了字，没有空白可以再写什么了。”

灵感的产生，是主体所不能控制的，具有偶发性。历来对于灵感现象的解释，有的具有神秘主义色彩，如柏拉图就把灵感视为受到神灵禀赋而产生的一种迷狂状态；有的则从心理甚至生理刺激中寻求解答，如李白、王勃借助饮酒，伏尔泰、巴尔扎克借助咖啡，柯勒律治吸食鸦片，卢梭需要让阳光晒着脑袋，弥尔顿依赖于特定的季节，席勒认为烂苹果的味道刺激灵感，马克·吐温觉得躺在床上构思灵感才会降临……尽管灵感的确具有偶然性、个体性、稍纵即逝，但并非全然不可捉摸，它实际上是生活阅历、审美经验的丰富积累，长期创作实践的训练，再加上偶然因素触发而造成的思维瞬间活跃状态。正类似于王国维所说的“三境界”，最高境界的达成需要前两个境界的准备和铺垫，如果没有“独上高楼，望断天涯路”的艺术志向，没有长期冥思苦想，“为伊消得人憔悴”的执着，也不可能达到“蓦然回首”，灵感乍现，得来全不费工夫的境界。

第六章　汉语言文学接受论

在汉语中，“接受”一词的基本意思是“对事物容纳而不拒绝”。因此，所谓“文学接受”应当是指对一切文学作品的接纳，亦即阅读活动。它包括审美的阅读，即人们通常所说的文学欣赏，也包括非审美的（不以审美为目的或不能达到审美水准的）阅读活动。文学批评作为一种指导广大读者如何去接受文学作品的活动，必须以批评主体自身的阅读欣赏为基础和前提，因此，它也应纳入文学接受的范畴，被看成一种侧重于理性分析和把握的、具有指导性意义的阅读层次。

文学接受是一种异常复杂的精神活动，很早就有人对它进行思考和研究。在先秦儒家看来，诗和乐不仅反映了国家的伦理政治状况，而且是实现百姓教化的工具。在中国较早谈到文学接受问题的是孟子，他所说的“以意逆志”和“知人论世”，从原则和方法上为文学接受奠定了儒学的基调，强调在心灵普遍性基础上的完全理解，以及通过文本所达到的理解的跨时空性。孟子所暗示的人的心灵普遍性是一个实践概念，从最抽象的“四端之心”到成熟的公共形式的“志”，是在阅读、理解、实践他人的文本和思想过程中，不断展开潜在的本性之善的过程。但与现代西方的生存论诠释学不同，孟子并没有要发展个体特殊性的意愿，因此也不能容忍对原文本的“误读”。对先秦儒家来说，能否听懂诗志乐声，是与接受者的心灵或道德修养层次有密切关系的。而老庄的道家思想除了强调要超越形式之外，也都认为接受者的精神能力与所接受的文本密切相关。

其后中国的文学接受理论都是在这个基调上展开，只不过因为不同时代的思想方法不同而有不同的侧重点。总体来说有两种：一是偏重公共性；一是偏重个体性。刘勰面对东汉之后儒学礼义衰败、形式之风大盛的时代弊端，力图重塑儒家之文的深刻内涵，在《文心雕龙·知音》中，他提出的阅文先标“六观”，虽然在逻辑上受到汉代象数思维的影响，但也不失为一种系统的总结。从位体、置辞，到通变、奇正、事义、宫商，刘勰试图将对立的形式与道义统一在一起，共同作为文学批评的标准。

偏重个体性的方法是在个体心灵觉醒之后，尤其是受到佛教影响，在唐代以后发展起来的。它强调读者心灵的主动性，但在接受目的上仍然是以共同达到大道或精神的最高境界为最终旨归。

在古希腊时期，读者也是处于被教化的地位。在亚里士多德的《诗学》中，“卡塔西斯”（catharsis）作为悲剧在观众中产生的效果，具有净化和澄清的含义，即通过观众的思考，对其心灵产生指引。虽然读者在此参与了阐释的过程，不过仍然没有其个体的特殊性，卡塔西斯最终是将人的心灵引向一种普遍的道德标准。直到启蒙主义之后，主体的特殊个性才得到重视，如英国批评家燕卜荪在他的《朦胧的七种类型》中不仅对诗人的意图进行了弗洛伊德式的随意解读，而且认为诗歌意义的含混性就在于文本本身的多样性，以及读者对这些多样性的不同把握。

但正面强调读者的作用并且形成系统理论的是20世纪60年代兴起于德国的接受美学。作为其创始人之一的尧斯，最初试图解决的是文学史的问题。在流行的形式主义文学理论下，文学史是文学形式自身发展的历史，相对封闭；而马克思主义的文学理论则由于过多强调文学的外部因素而忽略了审美的特殊规律。尧斯认为，通过引入读者的视角，可以将审美和历史贯通起来，让“文学史按此方法从形成一种连续性的作品与读者间对话的视野去观察，那么，文学史研究的美学方面与历史方面的对立便可不断地得以调节”。

另一位接受美学的代表人物是伊瑟尔，在他看来，尧斯的接受美学希望重建读者的“期待视野”，以确定特定历史时期的读者品位，而他自己的接受理论是一种审美反应理论，“集中探讨文学作品如何对隐含的读者（implied reader）产生影响，并引发他们的反应。审美反应理论根植于文本之中，而接受美学则产生于读者对作品的判断史。因而，前者本质上是系统化的，而后者从根本上说是历史性的，这两个相互关联的部分构成了接受理论”。虽然接受美学在一定程度上与产生于德国的诠释学无法分开，但按照伊瑟尔的说法，接受美学并非一种依赖于某种哲学的理论，而更多的是针对时代的矛盾冲突产生的。不过应该看到，20世纪后半期出现的利科所谓的“解释的冲突”并非偶然，这些根植于不同哲学、宗教观念等基础上的解释，正是读者自我个体意识觉醒并诉诸普遍性的社会表征。

如果说接受美学仍然是一种以审美为目的的批评活动，那么马克思对文学的看法则完全超越了文学和审美，他放弃了文学写作和阅读的个人视角，将它们放置在作为整体的社会活动中来看，即生产和消费的视角。应该说，社会作为一个整体是发展个人个体性的前提，马克思所敏锐把握的正是这样的时代倾向。社会中的任何一个主体都不是孤立和封闭的，他们应该是开放和交流的，而遵循何种法则进行精神、艺术交流则是马克思主义的“艺术生产”理论所关心的核心。实际上，马克思已经看到，文学接受不应该是孤独地阐释自己（不论是作者还是读者）的立场，而是社会性的交流实践，最终达到人的全面解放。生产和消费是组成社会经济关系的两极，马克思关于生产和消费辩证关系的论述，为我们从社会作为一个整体来看待文学的写作与接受活动提供了基本指导，不仅让文学更多地以一种实践的形态存在着，而且为解决“解释的冲突”提供了思路。

20世纪以来，随着生产力的快速提升，西方资本主义社会无论是在思想上还是社会构成方面，都发生了翻天覆地的变化，文学活动日益沿着生产和消费的社会化两极展开，不仅如此，处于生产和消费中间环节的传播，其重要地位和作用也逐步凸显。这些对于传统的以审美为主要目的的文学理论来说，是一个全新的挑战：在文学生产、文学传播、文学消费、文学市场等一系列文学现象的冲击下，描述新的文学观念、文学内部构成机制、作家的地位、文学的社会功能等，都应该带有新的社会学和哲学的视角。

现代图书出版业的快速崛起为文学市场提供了物质基础，同时也改变了传统的写作与阅读方式，将作家与读者用一种更短期、更紧密的方式结合在一起。在题材和体裁上不断推陈出新，文学不仅在内容上与写实的新闻、历史、神话、宗教、科学等交融在一起，还创造了诸如非虚构小说、架空小说等新的文学形式，读者的接受目的也从单一的审美演变为多元性、多层次的阅读诉求，其中，休闲娱乐、社交、猎奇、获得科学或历史知识、神话幻想等和审美交织混杂在一起，成为现代读者的主要追求。

文学市场的诞生意味着文学在现实形态上成为一种商品，文学接受因而变成了文学消费，其社会属性日益突出：文学消费、文化消费不仅逐渐成为人们日常生活中不可缺少的组成部分，而且构成了国家经济的重要产业支柱。文学也不再是一种纯净的、与世无染的精神活动，它所体现的是各种群体、利益集团，以及不同个体之间的社会性的矛盾与冲突。对文学消费现象的深入研究与辨识，不仅有助于我们了解文学在新时代下的社会功能，而且为我们以什么样的方式、接受什么样的文学提供了参考。

第一节　文学的审美接受

文学的审美接受又称文学欣赏，是以审美为目的的文学阅读。“审美”这个词本身即含有运用观赏者本身主体能动性的意味，不过如前所述，对这一欣赏过程的系统研究是以接受美学展开的。

汉斯·罗伯特·尧斯认为，决定文学历史性的不是一堆被认定为神圣的文学材料，而是读者对于作品接受的动态过程与结果。他几经反复，最终选择了一个已被使用过的观念——期待视野或期待地平线——用来表达读者在阅读与接受过程中的开始状态。在尧斯看来，期待视野是在一定历史时期下，读者自身审美理想、审美趣味等在阅读接受过程中的能动体现，每一个读者都带着自己的期待视野来参与阅读，而这个视野又带有时代与社会环境的烙印。期待视野与作品中所体现的审美倾向的差异，决定了作品被接受的程度与方式，那些与社会中绝大多数人的审美期待视野差异小甚至无差异的，属于通俗作品。而一些带来新的审美感知与审美观念的作品，即作家与读者间审美距离大的作品，则挑战甚至颠覆了许多读者的期待视野。不过由于期待视野不是一成不变的，随着读者对作品的审美观念改变，他们的期待视野得到了提升，文学也因此完成了其社会功能。

另外，作家在创作时，也会不自觉地受到读者期待视野的影响甚至引导，这意味着作家从来都不是在社会和历史之外写作，尧斯进一步说，作家在文学接受所形成的文学史潮流中甚至是被动的，“易言之，后继作品能够解决前一作品遗留下来的形式的和道德的问题，并且再提出新问题”。这样，通过期待视野的动态历史演进，尧斯将形式化的审美规律发展与社会历史结合在了一起。

从施莱尔马赫承认误读的合理性之后，德国的诠释学一直致力于研究读者对于文本的诠释方式以及所带来的后果，并且越来越突出读者自身的精神特性在理解与解释中的特殊作用。而后起的接受美学与这一传统显然关系密切，如尧斯所使用的“前理解”一词，就来自海德格尔的《存在与时间》。虽然如此，尧斯认为他与生存论诠释学，尤其是与伽达默尔的理论有着明显的不同，后者是在所谓人文精神领域中运行其诠释学方法的，在伽达默尔那里，理解与解释的最终目的都在于读者自身的存在意义的展开，而这样的逻辑与目的仅仅是尧斯认定的诸多期待视野或思想范式中的一种。他说：“伽达默尔所死守的古典主义艺术的概念，这种艺术在超出其根源即人文主义之后，已无法成为接受美学的普遍基础。这是一种理解为‘认识’的‘模仿’概念。”这种源于古希腊的模仿自然的观念，仅对于人文主义时期的艺术有效，但其无论是与中世纪，还是现代的形式艺术都没有关联。可以看到，尧斯所设想的接受美学，是一种建立在经验基础上的、试图涵盖一切文学的审美接受史演变的学说。

如果说尧斯关注的是读者对文本做出的审美反应的话，那么，另一位接受美学的重要人物沃尔夫冈·伊瑟尔则关注的是文本：一个文本能使读者做出什么样的反应。伊瑟尔将现象学的方法引入文学阅读过程中来，他把文学阅读分为作品结构与接受者两极，认为文学文本的具体化过程便是二者的相互作用，在这个过程中，作者本义的一极是艺术，读者的一极是审美，最终生成的文学文本并不存在于两个极中的任何一个，而是二者之间的相互作用。

伊瑟尔认为，文学文本中总是结构性地存在着大量没有实际写出来或明确写出来的东西，他称之为“未定性”。“未定性来自文学的交流功能”，包括两个基本结构：空白和否定。空白是文本中不同结构段落间的连接断裂，最常见的是情节转移，它是指文本整体系统中存在的空缺，是在文本中各图式间已经联结起来，或想象客体已经形成之后产生的新的联结需求。空白会触发读者的想象活动，去补充空白带来的含混性。因而，空白的存在及其与读者的相互作用，决定着文本模式的生成。不仅如此，对于那些意识清醒的读者来说，填补文本的空白可能带来的是一场自我批判。

否定是一种更加难以填补的空白，它产生于读者意识到自己已有的、可供选择的阅读范式的无效，并且无法提供有效的新范式，如我们对文本所涉及的历史或社会问题毫无经验，发现自己用于理解文本的那些熟悉的标准并不起作用，于是开始“否定”这些曾经的标准。“这种否定在阅读过程的范式之轴上产生了一个动态的空白，因为这种无效状态意味着缺乏可供选择的标准。”否定迫使那些对此有清醒意识的读者去发现否定所暗含的特殊倾向或文本态度。它类似于尧斯所说的作品对读者期待视野的改变，只不过是确定在阅读范式层面而已。

可以看出，尽管尧斯试图走出诠释学的人文主义立场，但接受美学对读者的设定仍然是启蒙式的，他们都认为读者作为一个孤独个体，可以凭借其自身的理性能力与审美能力，单纯地在阅读过程中不断发现客观世界，反省自我，甚至提升自我。实际上，读者通过阅读能够获得的只有知识、观念和世界图式之类的想象，而无法改变其自身的主体局限性。在缺乏真实社会实践与社会交往的环境中，读者只能强化其审美立场，并将他人的审美经验转化甚至扭曲成自己的审美反应。

欧洲接受美学的风潮影响了美国的文学批评界，出现了“读者反应运动”。在此之前，美国的文学批评是以新批评为主的形式批评，随着欧洲学者与美国学者的对话与交流，他们以读者为中心的思想逐渐占据了美国文学批评的主流。1980 年，简·汤普金斯编辑了《读者反应批评》一书，收集了与该思想有关的具有代表性的论文。此后，人们便将这一批评思潮称为“读者反应批评”。

实际上，读者反应批评是一场松散的思潮，内部并没有统一的理论和主张，其中可以大致分为三个主要方向：以伊瑟尔与斯坦利·费什为代表的“读者反应批评”，强调现象学的理论基础；以乔治·普莱为代表的“意识批评”，偏重读者对作者意识的重塑以及对自我意识方式的反思；以 N. 霍兰德为代表的“布法罗批评学派”，是以精神分析、主体投射等为其理论方法的。

强调读者立场的文学审美接受理论，在其后产生了深远的影响，我国当代的文学理论也认为文学不仅是作者创造出来的文本，也是一个集创作活动、文本以及读者接受一体的综合体，只有被读者接受了的文学才是完整意义上的文学。

第二节 文学生产与文学消费

文学生产的观念是伴随着社会化大生产的日益扩大化而出现的，在很长的时期内，马克思论述生产与消费辩证关系的理论为我们理解 19 世纪末 20 世纪以来的文学变化提供了新的视野和思路。

马克思认为，在理想的社会生产活动中，生产与消费是一对直接互相作用的因素，它们不仅直接作用于对方，而且也经由各种中间环节互相决定、互相生产着。然而当商品社会出现后，生产与消费之间增加了流通环节，生产和消费的物品因此也不能再作为特殊的、具有使用价值的物品而存在了，相应地，它们以一种抽象物的状态存在，即商品。随着资本主义社会化大生产的扩张，流通和分配环节日益演变成一个起决定作用的环节，成为生产和消费的主导者。正如马克思所觉察到的，作家不再为自己和读者写作，他们更多地为书商写作；他们不再关注自己作品的特殊含义，取而代之的是对其金钱价值，即抽象的普遍价值的追求。

文学成为一种“艺术生产”的形式，是文学在自己漫长的发展过程中所发生的一次意义最为深刻的变化，是文学的现代性转型。

文学成为一种“艺术生产”形式的确切内涵是指，以现代图书出版业的出现为标志，文学的创作者——作家由原来的纯粹意义上的精神成果的创造者演变为现代意义上的作家，即从事“直接同资本交换劳动”的“生产劳动者”；而文学的成果——作品则成为一种满足广大读者多元的精神需求、在图书市场上待价而沽的商品。这样，文学便兼具了上层建筑和经济基础的双重性质，成为融文化科学技术、工业、商业等为一体的“文化产业”的一个重要组成部分。

文学成为一种“艺术生产”形式是以现代图书出版业的出现作为标志和前提的，而严格意义上的现代图书出版业，即以活字印刷为基本手段，在短时间内大量复制和迅速发行传递书籍，产生广泛而巨大的社会影响，这种性质的社会生产部类或行当的产生却为时甚晚。据美国出版史研究的权威德索尔的考证，在西欧，它的正式创始应当是在18世纪启蒙运动的大百科全书编著时代，而成熟则是在19世纪以后，在中国，现代图书出版业的出现和趋于繁荣更晚一些，是19世纪末20世纪初的事情。

文学成为一种“艺术生产”形式，即文学生产，给文学的接受带来了巨大而深刻的影响。

首先，是文学的空前大普及，使文学成为人们的闲暇生活方式的重要组成部分，成为精神生活的重要内容，文学的社会功能从来没有像今天这样得到广泛、深入的发挥。

其次，是文学接受由传统的审美中心、审美至上向精神需求的多元化、多层次的转变，文学越来越像一本大书，每个人都可以从中找到适合自己的那一页。

最后，则是文学接受的需求的变化，使得文学的观念泛化，出现了文学与历史、文献、科学、新闻、教育等相融会的现象，通俗文学、文献小说、新闻小说、全景文学等新的文学样式、品种如雨后春笋，层出不穷。而文学观念的这些变化和实践，反过来又强化和深化了文学接受的需求的变化，形成一种良性循环、提升的机制，成为推动文学发展变化的深刻而强大的内部动力，这已越来越成为我们观察文学重要的、不可或缺的视角。

但是，文学在成为艺术生产的同时也受控于资本的操作之下，造成人的深度异化。西方马克思主义的法兰克福学派就对此进行了大量的研究和批判，代表人物是霍克海默、阿多诺、马尔库塞等。其中，阿多诺以对文化工业的批判揭示了资本对传统文学的危害，他认为当代的文学生产已经转变为社会化大生产式的，私人企业与国家行政结合起来，给人们营造了文化繁荣、社会化生产与个体微观需求之间和谐发展的假象，将他们本不需要的文化产品经过产业的包装贩卖给他们，同时也削弱了人们的反思能力和意识。马尔库塞和弗洛姆都从现代精神分析中获得了批判资本主义文化生产的灵感，不同的是，马尔库塞是从社会学视角出发，指出大众文化和商业文化的同质化是资本主义压抑人的新方式，它带来的是社会与人的单向度。马尔库塞倡导通过诗歌激发人内心深处的、保持生命更大统一的爱欲冲动，来抵抗死亡与攻击性的死欲冲动。前者通过经典的文学作品表达出来，而后者则表现为社会的生产性原则。弗洛姆则更多地从个体与心理学层面出发，强调资本主义社会对人的异化。

随着资本主义的发展，生产过剩的矛盾日益加剧，到了20世纪中期，一些主要的发达资本主义国家纷纷采纳“福特主义”，通过支付工人更多的工资以及给予他们更多的闲暇时间来改善劳资矛盾，最终导致了大规模的消费活动。消费社会出现的原因是多方面的，除了将工人从劳动力转化为消费力，凯恩斯主义的国家干预和福利国家制度，也导致了生产、流通、消费以及再分配等领域的同质化、有序化的结果，避免了经济活动中各领域无序状态带来的冲突恶果。与此同时，为了完成这一同质化的序列，物品必须被进行社会性的“编码”，因此在消费社会中，商品不再仅仅具有使用价值与价值的双重性，还被附加上了符号价值。通过将传统的、当下的文化符号化，符号价值连通了现实的社会等级结构与大规模的商品生产活动。

消费社会的这种符号价值特征深刻影响了文学的接受，一方面，人们购买文学作品不再单纯是为了阅读，也可能是通过购买而炫耀自己的社会地位，而无须阅读。阅读的目的也不再单一地限制在审美上，社交、娱乐、时尚、猎奇，甚至打发时间，都可以成为阅读的理由。另一方面，文学也以一种从未有过的广度在大众之中普及开来，阅读成了人们生活中一个重要的组成部分。文学也从以前那种消极的生产产品，变成了生产和社会的引导者，作品中虚构出的甚至是设计出来的场景、观念、人际关系、风尚等，成为人们竞相模仿的对象，虚构与现实通过符号价值系统融合在一起。法国学者鲍德里亚对消费社会的批判是深刻而悲观的，他运用符号学理论改造了马克思的政治经济学，指出消费社会对文化的根本来源，即人被感性生活架空的危险。在《消费社会》一书的结尾他谈到，当国家权力、生产、市场与社会文化彻底同质化之后，人们其实只能诉诸一种无缘由的暴力。在他看来，这种同质化是通过取消商品的使用价值，将商品价值符号化，以及符号化之后的价值社会等级化一系列过程来完成的。按照这一逻辑，符号系统生产或指派出来的需求，取代了人们“真正的”自然需求，国家化甚至全球化的资本绑架了个体的自由意志。可以说，鲍德里亚的这种观点与法兰克福学派的批判都是站在启蒙立场上对文化消费现象的审视。

我们看到，诚如启蒙批判者们所言，文化消费产生于资本的同质化过程；但另一方面，通过消费，文化也给人们带来了新的生活体验，随着互联网的发展，这种体验越来越多地呈现出交往性、非封闭性、主动性的特点，文学的形式也越来越多样化，每个人都可以参与到写作中去，写作的篇幅越来越短小、越来越需要他人的关注等等。这意味着我们开始从启蒙主体那种封闭、偏执、忧郁的自我中走出来，抛弃了一部小说即一个世界的自闭带来的深度；同时每个人既有坚持自我的自由，也并非仅仅从自我出发、以自我标准来衡量周围甚至世界，文学更多地成了交往的媒介，潜移默化地改变着启蒙主体。

第三节　文学传播

和读者接受活动一样，传播在文学中的独立作用也是到了20世纪才显现出来。在文字发明以前，很多民族的文学都是以口头形式传承的，为此人们发明了音韵来方便记忆。即使是在文字发明之后，由于书写器具的稀少和不便，书写出来的文章也相对简练、抽象。

实际上，直到印刷术，尤其是活字印刷术发明前后，文学都主要是以口头传播和手抄书写为主。在口头传播的过程中，每一个接受者都可能成为下一个文学作品的讲述者，也不可避免地在讲述的时候带上自己的色彩甚至发挥创造。他们所注重的传播效果是听众的兴趣，而非对最初作者原意的还原。在柏拉图的《伊安篇》中，伊安作为讲述荷马史诗最出色的年轻人，能够比其他人讲得好，也说明了在口头传播过程中，讲述者有着自己的发挥空间。即使是有了文字之后的手抄文学，也会在传抄过程中出现抄写者对原文字句的改动，这些改动往往是由于字迹不清，传抄者加上自己的理解之后的产物。

西方现代印刷术发明以来，在19世纪与机器工业结合，大大提升了印刷的质量和数量，使文学传播向大众传播转变，将作者、传播者与读者分别置于社会化大分工的不同环节，各自独立，同时又密切关联。印刷媒介的出现，杜绝了文字的变动，使得作者的权威大幅提高。同时，读者也不再是少数能够接触到作品和作者的人，他们数量众多，互相不认识，却能通过印刷的作品及时接触到作者的文学思想，这使得一位作家、一部作品能够在短时期内影响社会上大多数受众得以可能，也正因为如此，文学才发挥了前所未有的集体性的社会功能。在这样的印刷媒介的影响下，作者的思想向着社会和人生的两个维度深入展开，文学的审美性达到了一个新的人类全体的高度，作者也变身为最高的权威者与审判者。这种倾向在法国浪漫主义、现实主义小说那里尤其明显。

然而，如上节所述，随着社会经济一体化的要求，文学生产的一极不再具有权威性，相应地，文学传播在协调文学生产与文学消费中扮演着日趋重要的角色：一方面，不断加速为读者提供他们所无法想象到的新需求；另一方面，也将读者的需求和时尚的要求反馈到作者那里，形成新型的文学市场。此时，作者的权威性不仅受到了来自文学市场的挑战，也受到了作者自身的质疑，即作为主体的作者的有限性。

本雅明是一位试图描绘时代转变的思想家，在他的思考和观察中，口头传播的讲故事、印刷媒介时代的小说，以及当代的新闻，有着非常不同的表达形式，也因此有着完全不同的接受内容和接受效果。在他看来，讲故事传播的是个人经验，对接受者来说，需要的不是思考和结论，而是对故事内容的感受，这是一种代代传承的对世界和生活的经验。小说作为单个个体对世界整体深入体察和思考的结果，它本身就是深广的，它并不需要读者接受它的结论，而是启发读者自身对世界的思考。新闻作为一种现代信息交流的产物，已经远远超出了其具体的行业模式，体现出现代交流形式的基本特征，即关注周围的生活，并对一切所发生的现象提供解释。新闻所呈现出的碎片化陈述与体系化解释的矛盾性，与观念化文学、体验文学、类型化文学等，存在着深层的一致性。它们都假定读者具有独立的人格和思想能力，并为读者提供相应的生活片段与现象，虽然这些现象已经被作者以自己的方式解读过。因此，通过信息的方式，文学呈现出的是一种复杂的、以个体为单位的社会化交流。

近年来，随着新型媒介互联网的普及，文学的传播模式继续向社会交往转变，一些新的创作形式也应运而生，如超文本小说、同人小说，甚至博客文学、微博文学等，模糊了作者与读者的界限。互联网作为传播媒介，其链接、搜索等功能，为文学阅读提供了极大的便捷性。同时其高速更新的速度也给作者的写作造成了巨大的压力，一位单独的作者往往很难在短时期内完成大量的文字写作，即使能够完成，也难以长期维持下去，由此造成了作品质量低下、文字粗糙的现象。面对这种市场的需求，文学创作出现了团队写作、作者微博化的趋势，甚至为了保持与受众读者的频繁联系，作者走出文学参与了社会文化生产的其他门类。

在新的文学传播方式之下，文学所扮演的社会角色不再是宣传而是交流，无论是作者还是读者，都不再只关注自身，他们在写作和阅读之前就关注着对方，并通过对方关注着整个社会。可以说，读者通过互联网，能够随时关注到世界范围内文学的新变动，跟踪一个甚至一类作家的思想进展，让读者从原来对单一作者的审美迷恋中解放出来，真正感知到世界的文学。

第七章　汉语言文学教育现状

第一节　汉语言文学教育存在的问题

汉语言文学的教学质量直接影响学生的汉语掌握程度。目前，我国高校在汉语言文学教学过程中，依然采用传统的教学模式，有时难以满足社会发展的需求。随着社会的发展，社会人才战略观念和教育观念也随之发生了变化，这对传统的汉语言文学教育而言无疑是个挑战。尽管汉语言文学专业在我国高校中分布广泛，但教学过程中依然存在各种问题。探讨汉语言文学教学中存在的问题及对策，在一定程度上能够推动我国高校汉语言文学教学的发展和进步。

一、汉语言文学教学课程中存在的问题

（一）课程教育过程中的教育理念模糊

一些汉语言文学教师缺乏正确的教学理念，未充分掌握教学的主要内容，难以在教学过程中明确汉语言文学的教学方向，不利于提升学生的综合文化素养。随着新课改的不断施行，很多教师对原有的教学模式进行了调整，获得一定成效。但是，也有一部分教师没有对教学模式进行深入研究，这限制了汉语言文学教学的进一步发展。

（二）缺乏完善的课程教育体系

汉语言文学教学的课程教育体系不够完善，课程内容设置不够合理，难以满足人才发展的需求。在新课改的推动下，高校应该构建完善的课程教育体系，并充分掌握课程中的内部结构。

（三）理论与实际应用难以结合

汉语言文学教育在一定程度上推动了我国社会的发展。在新课改的推

动下，教师不断地充实自我，丰富自身的理论知识，这对教师革新教学模式有很好的促进作用，同时也提高了教学成效，并在教学过程中积累了很多宝贵的教学经验。但是，依然存在理论与实际应用难以结合的现象。在汉语言文学教学过程中，教师始终重视理论知识的教学，而忽视了实际应用，导致学生不能充分发挥自身的主观能动性。

二、汉语言文学教学中采取的措施

（一）明确汉语言文学的教学理念

只有教师明确汉语言文学的教学理念，才能推动汉语言文学教育的深入发展。第一，教师应该提升自身的教育理念，不断更新教学内容，满足学生发展的需求；第二，教师应该将汉语言文学的教育理念贯穿课堂始终，不断提高学生的文学素养；第三，在教学过程中，教师还应该有效掌握课堂教学的方向，梳理出清晰的教学思路。

（二）完善汉语言文学课程结构体系

汉语言文学教育在一定程度上能够推动社会的进步与发展，能够创造出更大的社会效益。因此，完善汉语言文学课程结构体系很有必要。一方面，在汉语言文学的教学过程中，教师应该正确引导学生，以学生作为课堂的中心，充分调动学生的主观能动性，使他们能够积极地投入到课堂中；另一方面，教师还应该为学生营造良好的学习环境，拓宽学生的视野，激发学生的学习热情，提高教学成效。

（三）加强理论与实际应用相结合

只有将理论与实际应用相结合，才能更好地推动汉语言文学教学的有效开展。一方面，教师不仅要注重理论知识学习，还要高度重视实际应用能力。在汉语言文学教学过程中，教师应该把课堂中所学的理论知识与实际工作中的内容相结合，唯有如此，才能让学生充分掌握教学的相关内容，并将其合理地应用到实际工作中去，为学生今后的工作奠定基础。另一方面，教师还应该充分掌握学生的学习状况，注重学生在学习中提出的反馈建议，并对其进行分析，这样有利于教师及时调整原有的教学方法和手段，从而树立正确的教学思想。

（四）提高汉语言文学教师的专业素养

高校应提高汉语言文学教师的专业素养，提升教师的教学技能。第一，高校应该定期组织教师参加培训活动，丰富他们的理论知识；第二，教师要改变传统的教学手段，更新教学方式，培养学生的独立自主能力，与学生进行良好的互动，营造轻松活跃的教学环境，激发学生的学习热情，让学生积极投入到课堂中去；第三，教师还应该善于应用全新的教学策略，如开展小组合作学习或者进行在线互动等，这不仅能够提高学生的学习成效，还能在一定程度上满足学生的需求。

第二节　汉语言文学教育的创新研究

汉语言文学教育具有较强的实用性，但目前仍存在教育课程理念陈旧、课程安排结构混乱、教师专业技能不过硬、教学知识实用性不强等问题。切实分析汉语言文学教育发展中的问题，不断进行探索，并把对汉语言文学教育的创新研究放在教育工作的重要位置上，对汉语言文学教育有重要意义。

一、研究的目标与意义

（一）目标

汉语言文学创新必须以教育创新为发展基石，对汉语言文学教育进行创新研究的首要任务就是对创新人才进行培养，加强汉语言文学教育创新实践，建立创新性管理体系。进行汉语言文学教育创新，一方面，是为了树立教师与学生的创新意识，培养大量的创新型人才作为教育创新的人才支撑；另一方面，有利于培养师生的创新思维。创新思维是培养创新意识的前提，学校管理者要转变传统的思维模式，改变陈旧的管理模式。

（二）意义

发展汉语言文学教育创新的意义在于巩固并增强汉语言文学在国际教育中的地位。汉语作为中华文化的载体具有重要的意义，我们应抓住经济全球化为汉语言文学的发展提供的契机，加强汉语言文学发展的改革与创新，加大汉语言文学教学创新的力度，开拓汉语言文学教育的空间。

从汉语言文学教育现状来看，教学思想的落后以及教育体系的陈旧是导致当前汉语言文学教育质量低下，阻碍学生能力发展的主要因素。在这样的情况之下，要想改善现状，有效提高当前汉语言文学教育质量，促进学生能力全面提升，为社会发展培养更多的优秀人才，应采取适当的措施来进行汉语言文学教育的创新，为社会发展提供源源不断的人才动力。

汉语言文学专业的教育，一方面，要注重提升学生的汉语言文学功底，提高学生的文学素养；另一方面，也应当从学生今后所要从事的教育行业着手，提高师范类学生的教学能力。唯有如此，才能够保证汉语言文学专业学生能力的全面培养和提升，培养出更多优秀人才，为学生今后就业打下基础。结合专业教学的实际情况以及学生发展的具体需求，进行汉语言文学教育创新，构建创新型教育体系，成为当前汉语言文学教育的重点目标。

二、更新教学思想

在汉语言文学教育创新体系构建的实际过程中，更新教学思想是最基本的要求。在传统应试教育的教学思想影响下，汉语言文学教育都是围绕如何提高学生的应试能力、保证学生考试成绩得到提升来展开的。一味地遵照考试题目来进行知识的学习，这样不仅限制了学生知识面的拓展，同时也在无形之中使得学生形成了固定的考试思维模式，限制了学生创新思维的形成与发展。因此，要构建汉语言文学教育创新体系，首先要做的事情就是采取适当的措施来更新教学思想。学校应增强师资队伍建设，为专业教育注入新的血液，带来更多创新的想法。

三、优化课程设置

在课程设置方面，汉语言文学教育的课程设置主要是偏向学生语言能力的培养与提升，而没有重视学生师范能力的发展，同时也忽略了学生创新思维、创新能力的培养与发展。在这样的情况下，学校就应当采取适当的措施来优化课程设置，确保专业教育课程设置的科学性、合理性，提高课堂教学质量，保证学生综合素质的提升。专业课程的设置应当重视学生创新能力的培养，因此，学校应当适当地增设一些具有创新性的教学课程，将一些创新的观点以及创新的语言表达方式融入实际课堂教学。

四、提高实践能力

汉语言文学专业的教育体系构建应当重视学生实践能力的提高，只有在保证学生实践能力提高的前提下，学生在遇到问题时才能够快速地应用自身所学的专业知识来解决问题，这充分表明了提高学生的实践能力在汉语言文学教育过程中的重要性。学校应当与更多的企业机构合作，为学生争取更多的实践机会，为学生提供更好的实践平台，让学生能够充分进行实践，在实践的过程中提高学生对专业知识的理解与运用，同时有效发散自身的创新思想。汉语言文学教育创新是保证当前汉语言文学教育专业发展的首要前提。因此，学校应当采取适当的措施更新教学思想，优化课程设置，提高学生的实践能力，通过一系列的措施来实现课程教学的创新，培养并发展学生的创新思维和创新能力，保证学生能力的综合发展。

第三节　语文教育与汉语言文学教育

在人生的各个教育阶段中，语文的学习是一门非常重要的基础性课程，它是培育学生文学素养的关键环节，是提高学生写作能力与阅读能力的基础环节。在大学阶段，汉语言文学也是大学文科教学的重要教学内容之一，也是语文教学的一部分。随着教育制度的改革，语文教育与汉语言文学教育，不仅是提高整体教育水平的基础，也是文化发展的基础。

语言是一种自然形态下的交流形式，也是人类表达思维的主要方式，生活中交际所应用的语言被称为口语，它有声音的特质。而中国语言文学产生后，文字成为一种书面语。因此，语言也是口语与书面语的总称，它是人类重要的交流媒介。在语文教育中，它是通过语言来展开的教学形式，也是一种语言类文学，包括写作、阅读等方面的内容，将语文教学与汉语言文学共同应用在提高学生文学素养中，以此来提高它们的应用价值。

一、语文教育的重要性

语言是一种交际工具，具有信息传递的能力。在人们交流的过程中，可以利用语言将自己心中所想表达出来，它也代表着人们思维的反应能力。因此，在语文教学过程中，学生可以通过提高自身的口语交流能力及表达能力，在进行良好表达的过程中，提高自己的思维反应能力。从一定程度上来说，语文也是提升学生智力的重要工具。在语文课堂教学中，不仅要求学生掌握语言、利用语言，还要提高学生的综合素质，为学生奠定好国民教育与文明教育的基础，将母语的延续作为根本，提高汉语在国际语种中的地位。因此，语文教育是终身教育，贯穿于我们日常学习和生活的方方面面。

二、语文教育与汉语言文学教育的关系

语文教育作为学生学习汉语言文学的基础，不但可以培养学生的写作能力、阅读能力，还可以提高学生的文学素养。现今，汉语言文学教育是大学教育开设的一门重要课程，为我国语文教育的拓展奠定了坚实的基础。在汉语言文学教育中，它不仅是在深入研究语文教育，还在为语文教育的发展提供优质的教师资源。语文教育是学习汉语言文学的基础与关键环节，语文教育与汉语言文学相互促进、共同发展。

三、汉语言文学教育的特色

汉语言文学承载着深厚的文化精神与文化发展过程，是历史发展的见证者，也是承载者，它体现着人类社会生存与发展的意义。作为传统文化的传承者，从专业教育的角度来看，汉语言文学教育更加注重培养学生的人文素养，将教育的本质及实用性充分地发挥出来，成为教育专业的实践目标及追求，更加凸显人文观念及精神文明；汉语言文学教育，不注重直接创造出的经济效益，而是注重社会效益，它永远将社会利益放在首位，更加凸显出它的社会价值与文化素养。随着我国教育的不断创新与发展，汉语言文学教育不仅弘扬优秀传统文化，也积极地与社会需求接轨，积极地参与创新与改革。

四、语文教育与汉语言文学教育的应用与发展策略

（一）提高综合实践能力

任何阶段的教育都是以为社会提供人才为最终目的。因此，不论是语文教育还是汉语言文学教育，都以提高学生的综合素质能力为主，以适应社会发展的根本需求。两者虽有本质区别，但也有共同之处。总体而言，汉语言文学教育属于语文教育，它们是有相通之处的，如教学理念、教学内容、教学理论等。这些相通之处能够丰富学生的视野，让学生展现积极的精神面貌。此外，在实践中将语文教育与汉语言文学教育的共同点发挥出来，有利于挖掘学生的实践能力。语文教育与汉语言文学教育在培养学生实践能力这一方面是非常一致的，并体现在学生对文学作品的爱好与探索中。因此，高校应加强语文教学与汉语言文学教学的课堂实践性，建立语文教育与汉语言文学教育的共同目标，以此来不断创新实践能力的结合与

发展模式，实现语文教育与汉语言文学教育的衔接目的，同时提高专业学生的应用能力。

（二）结合多媒体技术，提高语文教育与汉语言文学教育的应用与发展

随着科学技术的进步与发展，多媒体教学已被广泛地应用在教育过程中。多媒体教学及活动也随之开展起来，将多媒体教学形式与汉语言文学教育相结合，对教育事业的发展具有重要意义。因此，语文教育可以利用多媒体技术，在汉语言文学教育中提取更多的教育素材与内容，实现新形势下的教育目标。在现代化的教育中，教学应重视培养学生的创造性思维；教师也应从自身入手，与时俱进，树立先进的教育观念，掌握现代教育手段，创新教学形式，培养和提高学生的逻辑思维，通过多媒体传播方式，为学生寻找更加新颖的素材。在教学中，重视对学生人文关怀的教育，充分体现人文气息与人性光辉，不断提高学生的人文素质及人文品格，陶冶学生的情操，丰富学生情感世界，提高学生的综合素质。

语文教育与汉语言文学教育的最终目标都是培养人才，提高学生的综合素质与实践能力，使其能更好地适应社会发展的需求。因此，从教育理念、教学方式、教学内容上入手，共同提高学生的自主学习能力，应用现代化技术，挖掘学生的思维能力，强化两者之间的联系，共同提高学生的文化素养。

第四节　汉语言文学教育与人文素质教育

在语言文学教育中，汉语言文学是一门非常重要的学科，它对培养学习者素质和形成正确的价值观念起到了不可取代的作用。因此，注重汉语言文学教育，对促进我国社会进步和发展具有重要意义。基于此，我们应积极探究汉语言文学中人文素质教育的重要性，并提出有效融合人文素质教育和汉语言文学教育的相关对策，以培养出更多集专业技能和高素养于一身的优秀人才。

汉语言文学教育有助于提升学习者的内涵和素质，有助于树立正确的价值观，提高综合素质。但结合实际情况来看，在通过汉语言文学教学培养学习者人文素养的过程中还存在很多问题，如何妥善解决这些问题，是我国广大教育者需要探讨和研究的课题。

一、汉语言文学教育中实施人文素质教育的必要性

（一）有助于提高人文素养

开设汉语言文学课程既有利于提高学习者系统学习汉语言知识的能力，也有助于培养学习者的人文素养。各大高校招生规模日益扩大，学生所面临的就业压力也越来越大。用人企业不但要求应聘者具有一定的理论知识技能，还要求其具有一定的综合能力，特别是操作能力和解决问题的能力。学习者想要在竞争激烈的人才市场上立足，必须要具有较强的人文素养，这样才能在众多应聘者中脱颖而出。在汉语言文学教学过程中，教学者要有目的、有意识地培养学生的分析能力和解决问题能力，并锻炼他们的写作能力。

（二）有助于培养人文情怀

高尚的人文情怀和一定的审美能力，是一个人优质生活的重要体现。同时，高尚的人文情怀有助于提高人们对生活和工作的热情，激励人们怀有一颗积极向上的心来工作和生活。高尚的人文情怀可以通过阅读优秀的文学作品来培养。

二、汉语言文学教育中学生人文素质培养的现状

（一）缺乏健全的人格

当前，部分学生对社会中的是非善恶缺少理性的思考和判断，缺乏独立的思想。再加上受到西方外来文化的影响，导致很多不文明、不良的举止在学生的生活和学习中频繁出现，严重影响了他们的健康成长。此外，心理承受能力差、意志薄弱等特点使一些学习者在生活中遇到各种困难或者受到一些打击后萎靡不振，甚至走上犯罪的道路。

（二）忽视了人文素质的培养

当前的汉语言文学教学方式难以满足教育教学的需求。原有的教学模式过于注重传授理论知识，忽视了对知识技能运用能力的培养，也忽略了人文素质的培养。在新媒体时代背景下，学生的汉语思维受到多媒体技术的影响，教师应该高度注重新媒体与汉语言文学的融合，强化课堂中师生间的互动，营造良好的课堂气氛，注重培养学生正确的思维方式。在对学生进行理论知识传授的基础上应注重培养学生的分析能力，将汉语言文学

与实际生活密切结合，加强学生的人文素质培养，扭转当前教学中注重理论知识传输、忽视人文素质培养的问题。

三、汉语言文学教育与人文素质教育相结合的对策

强化学生人文素质教育，有利于学生全面健康发展，有效解决当前部分学生存在的心理问题，为学生重拾学习信心、确立奋斗目标奠定了坚实基础。

在汉语文学教育过程中，汉语言文学是一门重要的学科，可以帮助学生更好地继承传统文化，并积极践行社会主义核心价值观，在了解和学习我国优秀传统文化上，丰富自身知识体系，树立正确的价值取向。

（一）营造良好的人文环境

汉语言文学教育既需要在课堂中进行，也要在课堂外积极开展。教学者应大力支持和鼓励学习者自发成立汉语言文学组织、诗歌社团等，使其在参与活动中探讨和运用汉语言文学知识。教师可以组织一些文学创作比赛和朗诵诗歌的活动，让学生在参与过程中感受汉语言文学的独特魅力。在教学中，教师还要注重培养学生的汉语言文学素质，强化学生的综合水平，更好地引导学生实现自我价值。

（二）注重教师教学培训

教师的教学能力关系到学生的学习热情。例如，中央电视台的《百家讲坛》节目受到了广大观众的喜爱，除了观众对历史与人文知识感兴趣以外，也与教授们精彩的讲授有很大关系。对汉语言文学教育来说，要提高学生的学习热情，就需要选择一批具有高素质、高水平的教师来校任教。教师自身必须具有较强的文学素养，对汉语言文学有深层次的了解，才能很好地掌握语言文字，并在课堂上吸引学生的注意力。想要做到这些，教师就必须经常学习，不断丰富自身的知识体系，定期或者不定期参加教学培训。同时，学校还要经常聘请一些汉语言文学专家到学校进行演讲，提高教师的教学水平。

（三）选择优秀教师任教

课程教学质量的高低与教师教学水平高低有着很大的关系。不同教师讲授同一篇文章，其效果是不同的。选择优秀的、专业素养强的教师可以提高学生的学习热情，强化课堂教学效果，提高课堂教学效率。优秀的教师所带出的学生多半也是优秀的，因此，想要提高学生的人文素养和综合

能力，选择优秀的教师来任教是十分必要的。在这样的情况下，高校应在招教标准上严格要求和把关，确保可以招进来更加优秀的汉语言文学教师，进而为提高学生的人文素养奠定基础。

（四）结合实际情况选择具体的教学内容

大多数高校将汉语言文学这门课程设置成选修课，要想激发学生的学习兴趣，首先就要从教学内容入手。对此，教师需要做好教学内容上的取舍。如在教学中，对于枯燥乏味的文章可适当剔除，多拓展一些学生感兴趣的文学内容，引导学生积极参与讨论，激发学生的学习欲望。

（五）积极开展各项教学实践活动

当前，部分学生人格上的缺陷十分影响他们的日常生活与学习，对学生的健康发展是非常不利的。因此，在具体教学中，教学者应多组织一些教学活动，有目的地培养学生健全的人格。在汉语言文学教学过程中，教师可经常组织诗歌比赛、朗诵比赛等活动，让学生积极参与这些活动，树立正确的人生观、世界观和价值观，让学生保持健康的心理状态。

学生学习汉语言文学既能丰富学生的知识体系，也可以帮助学生树立正确的价值取向，提高他们的人文素养。因此，在实际教学中必须注重汉语言文学教育，加强教师队伍的建设，为我国源源不断地培养高素质人才作出贡献。

第五节　汉语言文学专业的教育特点及应用性

随着我国经济的发展与科学的进步，社会对人才的要求也越来越高，汉语言文学专业也同样面临着很大的压力。在这样的形势之下，许多汉语言文学领域的专业人士对其专业的应用性提出了更高的要求。现代社会对高素质的人才提出了新的要求，决定了汉语言文学应该尽快增强其自身的应用性，以适应社会发展的需要。汉语言文学专业教育的基本特点是将其发展现状与社会对人才的实际需求相结合。

汉语言文学专业是一门在教学内容上相对固定的专业，面对教育体制的转型与改革，汉语言文学专业应当挖掘出更加可行的办法来适应现状，更好地满足社会发展的需求，使更多的汉语言文学专业的学生能够走上工作岗位，为社会发展贡献自己的一份力量。汉语言文学有着非常悠久的教学历史，是一门培养专业性汉语言人才的学科。随着社会的不断发展，由于汉语言文学学科的特点和自身特有的性质，致使汉语言文学专业的人才在社会上的需求逐渐降低，汉语言专业毕业的学生就业率逐年下降，就业压力倍增。因此，提高汉语言文学专业的应用性已成为目前汉语言文学专业教育者普遍关注的问题。

一、汉语言文学专业的特殊性

随着社会经济的日益发展，社会对专业性人才的需求量越来越大。社会的各行各业都希望自己能在较短的时间内得到更多的经济利益，所以技术类专业的人才非常抢手，如建筑业、机械业、化工业、医学专业等。理工类学科具有较强的理论性知识，可以用数据来证明结果，而汉语言文学专业短时间内在社会上很难发挥出自身价值，仅仅作为一种隐性价值而存在。因此，汉语言文学专业只能成为没有固定职业的特殊专业。但是，汉语言文学作为一种学科存在于各类学科之中并不是没有价值的，这就要看从怎样的角度去探索汉语言文学专业的内涵。由于汉语言文学专业具有相对的隐性价值的特点，所以不能把此专业和其他理工类专业进行比较。目前，对汉语言文学专业的应用性应该用理性的思维去考虑，不能把汉语言文学专业与理工类专业相提并论。

二、汉语言文学专业的特点

在人文社会科学方面，汉语言文学是一门非常具有影响力的学科。汉语言文学作为最直观的传输媒介，在整个人文教育过程中起着提高全民族文化素质的决定性作用，包括人类生存的含义和人类价值的关怀，以及对社会责任感的体现，主要体现在对祖国、对民族、对团体、对个人及其余人员的认知方面。汉语言文学专业与别的专业有所区别，它没有一个确定的职业方向及定位，汉语言文学专业主要是主张关注学习人员的人文素质教育。

三、提高汉语言文学专业应用的重要性

想适应快速发展的社会的需要，就必须加强和提升汉语言文学专业的实际应用能力。在企业和各个行业的人事选拔当中，汉语言文学专业的学生所表现出来的较好的语言叙述能力能够更好地在人事选拔当中体现，并

主要表现在人的基本素质当中。只有顺应了社会的这一需求，在学习中培养和提升人的综合能力，才能更快地适应这个社会的进步和发展。

素质教育的进一步发展要求提升汉语言文学专业的实际应用能力，教育出高质量的专业人才，全方位地提高专业人员的综合能力，提升汉语言文学在现实社会中的适用性是素质教育的最高目标。因此，要想达到目标就需要将理论与实践相结合，这样才能更好地把专业人员与实际应用相结合，为加入社会从业大潮奠定基础。汉语言文学专业学生的工作方向主要是教师、文案秘书、新闻采编人员等，但事实上，汉语言文学专业的毕业生也在一些国有企业、事业单位以及其他公共学科单位工作，也有一些从事经济金融、建筑地产等方面的工作，这些充分表明汉语言文学专业具有较强的职业适应性。因此，提高汉语言文学专业人员的应用性知识，才是汉语言文学专业教师们应该关注的重点。

四、汉语言文学的应用性

汉语言文学是培养学生专业性文学能力的学科。为了使汉语言文学专业的人才能够达到学有所用，体现出自身的价值，很多高校都开设了与汉语言文学有关的课程，如文秘学、国际汉语、新闻传播学等，这样的举措给汉语言文学专业学生未来求职奠定了基础。然而，有关调查显示，我国汉语言文学专业在所有专业就业率中所占的比例也是较低的，这也说明了此专业就业形势的严峻，高校对于教学体制的改革已迫在眉睫。

（一）从就业方面提高汉语言文学专业的应用性

据有关数据统计，汉语言文学专业就业率远远低于同为文学类学科的专业，如文秘、新闻、广告、公共管理等。面对当前处于劣势的就业局面，高校汉语言文学专业的有关人员不得不从就业的角度提高汉语言文学专业的应用性，把教学的内容同就业实际情况相结合，开展一些与职业相关的教育培训活动，使学生以后步入社会，从实践活动中得到锻炼，更好把握就业机会，提高自己的就业竞争力。

（二）从学生深造的方面提高汉语言文学专业的应用性

社会在对人才需求量加大的同时，更注重的是人才的质量，即人才是否掌握全面、扎实的专业知识。因此，汉语言文学专业的学生不但要掌握好自己所学的专业知识，同时，还应该把继续深造作为自己将来就业的有力保障。只有学习和掌握更多、更深、更全面的专业性知识，不断地提高整体素质，才能在就业严峻的浪潮中把自己所学的知识发挥出来，为自己乃至社会带来财富。

在汉语言文学教学中，必须科学地了解这个专业的特殊性，并从这个角度出发，把科学、先进的教育资源与合理、可行的有效措施相结合，达到更加优异的应用性效果，更好地为己所用。

第八章　汉语言文学的教学模式

第一节　汉语言文学专业中现代汉语教学的新模式

作为高校汉语言文学专业的基础课程，现代汉语语言结构复杂，理论性较强，同时教学模式单一，学生主体性不够突出。这导致学生学习积极性不高，教学效果不理想。对此，积极转变教学模式，采取针对性措施，提高学生的自我管理能力，主动调整学习策略尤为关键。

现代汉语教学，意在培养学生分析与研究等思维能力，以及文笔等写作能力，使其能够在新闻出版、汉语教育等领域的工作岗位上轻松胜任。对此，加强对现代汉语教学新模式的研究意义重大。

一、现代汉语教学的新模式

（一）讲授式教学

讲授式教学适用于曾经接触过，但理论性、系统性显著增加的课本内容教学，如在声调的性质和作用的教学中，学生以传统思维认识所学内容必然会出现实践上的失误。对此，可按照教师导学、学生自学、学生讲授、教师质疑、练习巩固的程序展开教学，指导学生声调读法，纠正声调错误。首先，让学生围绕问题分析教材，学生在自学的基础上逐步熟悉教材内容，同时整理与讲解内容中的重点与难点；其次，教师指出学生的理解错误，帮助学生捋顺思路、整理要点，帮助学生明确结论；最后，教师根据学生知识掌握程度布置课后练习，加深学生学习印象。这种教学模式不仅能够突出学生的主体地位，而且能够发挥教师在教学中的主导作用，在培养学生理解能力的同时，提高学生融会贯通的能力。

（二）引发式教学

引发式教学突出师生的互动性。教学程序涉及教师导课、学生回答、师生互动、学生总结，适用于难度大但教学内容熟悉，且与中学课本相比改动不大的内容。学生按照传统思维理解教学内容，容易形成片面认识且对思维能力的培养作用不大。对此，教师需要巧妙设计疑问，引导学生敢于质疑，培养学生的钻研精神和思维能力。在课程导入环节，教师可向学生展示包含教学内容重点、难点的题目，引导学生回答问题，让学生认识到浅层认识所学知识点的错误性与片面性，产生教学疑问；在师生互动环节，教师引导学生发现问题，分析并了解问题原因；在总结环节，教师让学生各抒己见，并引导学生多次整理观点，得出规律性、系统性的结论。师生间的双向互动与有效的沟通交流，会产生思想碰撞与思维联动。教师根据学生的疑问展开针对性的分析，引导学生思维发展，使教学效果事半功倍。

（三）实践式教学

实践式教学注重突出学生的主体地位。教学程序涉及学生自学、学生讲授、教师讲评与练习巩固，适用于朗读等学生熟悉的课本内容教学。对学生施以灌输式教学并不能提高其学习的积极性，应当突出学生的主体地位，让学生参与到教学过程中来，减少厌学情绪。在自学阶段，教师要提前布置好预习内容和任务，同时加强教材内容的分析与整理，合理制订教案；在学生讲授阶段，教师要让学生按照个体思维自主理解教材内容，并鼓励学生讲述个人见解；在讲评阶段，主要是教师给予学生知识性点拨；在练习巩固阶段，主要是教师通过设计梯度性练习题的方式，检验与巩固学生所学知识，提高学生知识掌握程度。同时，根据学生学习情况，调整教学策略，为针对性教学奠定良好的基础。

（四）研讨式教学

研讨式教学侧重理论与实践的结合。这种教学方式适用于重点章节教学，以此培养学生的综合能力，使其学习到更多、更加实用的知识。教学程序涉及学生回顾、教师总结、练习研讨等多个环节。首先，学生在教师的引导下，对知识点进行回顾，教师可以通过三角形知识结构图、树形图、表格等形式指导学生，实现新旧知识点之间关系的有效衔接，尤其是对零碎知识的梳理、归纳、整合与分类，明确知识点的来龙去脉和纵横联系，从整体上把握知识结构，实现教学内容的连贯，完善知识体系。理论部分知识点多且杂，教师需要启发学生做好知识点梳理，整体把握所学内容。实践部分，教师要加强对练习方式的指导与纠正。在练习研讨阶段，教师应围绕共性问题，灵活设计练习进行探讨，突出学习实用性，确保贯彻启发教学的有效落实。但在实践中应当注意以下几点：一是设计练习研讨题目，应当在内容、形式等方面进行创新，以实现高层次的练习。二是多引导，用比较的方式分析问题，提高学生分析、判断等综合能力，实现对理论知识的直观理解。如选用恰当的相声、小品、笑话等，培养学生兴趣；或是选用相关诗文、寓言故事等，提高学生审美感受；也可以利用名人名言，提高学生分析、运用语言的能力，同时感受句型句式、修辞手法间的巧妙结合。三是注重新科研成果的合理利用，减少因教材滞后带来的不良影响，同时培养学生探索语言科学的兴趣。

（五）启发式教学

启发式教学适用于难度较大且未接触过课本内容的教学。教学程序涉及教师讲解、精选巧练、学生质疑与教师总结几个环节。接触全新教学内容，还需教师以讲练结合的教学方式引导学生集中注意力、主动思考与探索，最终让学生在学习中发现问题并解决问题。通过知识点加实例的教学方法，有利于学生理解知识并对知识点进行归纳。

二、现代汉语的教学方法

（一）提高学习的积极性

兴趣是学生学习以及坚持学习的重要基础，唯有提高学生学习的积极性，才能确保学生有效参与教学活动。但现代汉语教学受传统观念的影响，教学课堂氛围不活跃。课程教学应当注重与学生的互动，切实发挥学生的主体意识，让学生参与教学活动。例如，可以在教学中，利用口诀等方法加强知识点记忆，提高学生的学习兴趣。除此之外，教师还要注重与学生间的沟通合作，减少学生畏惧与厌学的心理。注重教学情境的创设，在提高学生学习兴趣的同时，培养学生的主观能动性与创造力。

（二）提高学习的自主性

现代汉语教学课时少，学生对课上学习与课后练习缺乏主动性，难以有效掌握学习内容。为提高学生的学习主动性，教师需要加强学生的课前预习能力，利用慕课、翻转课堂等形式，在线提醒学生围绕学习问题自主观看教学视频或是自主复习书本知识，鼓励学生在线提出问题；或通过讨论，在线帮助其他同学解决问题。在课堂上，教师需要加强问题设计，调动学生参与及分析问题的积极性。在课后复习过程中，教师可向学生推荐相关的复习软件、书籍等，帮助学生快速巩固所学知识，同时也可以延展知识点，让学生通过复习与反思，不断提高学习效率。

（三）提高创新能力

提高学生的创新能力离不开教师的引导与设计。在现代汉语教学中，师生易受传统的灌输式教学理念影响，导致学习缺乏创新性，因此，提高创新能力尤为关键。首先，教师应引导学生发现汉语知识背后的真理、背景与故事，加深对知识点的理解。其次，在练习研讨中，可通过小组合作学习的方式，培养学生举一反三的能力，以及学生对所学知识点的好奇心。

（四）拓展思维

为提高学生的综合能力，教师需要加强对学生思维的拓展训练。除此之外，还要注重理论知识与现代语言的有效结合，在拉近与学生距离的同时，带动学生与时俱进。例如，在教学中，教师可引用一些网络流行语、网络谐音语言等对知识点进行生活化解释，引导学生发散思维，使学生也可以将现代汉语知识点运用在日常生活当中。尤其是信息时代下的现代汉语教学，更应当注重网络、多媒体等现代教学设备的应用，以便学生更好地接受与理解。

（五）建立教学目标

现代汉语教学不仅是为了提高学生现代汉语知识掌握度，更是为了培养学生语言素养，以及实际运用、分析理解等综合能力。对此，现代汉语教学目标应涉及语言分析与研究能力、实际能力、基本知识三个方面。除此之外，还需结合学生的个体差异、就业走向、专业特色等，制订教学目标，提高学生的学习效率，确保教学的针对性与实效性。

各种现代汉语教学新模式的应用都是建立在学生意识到学习汉语的重要性基础上，加强学生对现代汉语重要作用的认识尤为关键。应根据教学内容、专业特征、就业方向等合理采用教学模式，在确保教学效果的同时，实现教学目标，培养学生的专业性发展意识与能力。

第二节 开放教育模式下汉语言文学专业的教学改革

汉语言文学专业是指研究中国汉语的词语、句法，赏析中国古典、现代等经典文学作品，熟悉相关新闻、图书编辑出版基础知识的一门学科。汉语言文学专业教学的目的是培养学生扎实的汉语功底和写作能力，让学生具备评价我国文学作品、编辑和出版作品的能力，同时培养学生的文化素养，拓宽学生的知识面。传统教育模式主要是依靠教材提供知识，教师进行讲授，学生获取汉语言文学知识的渠道单一，获取的知识非常有限，教学手段和教学形式也比较单一，违背了汉语言文学专业拓宽学生知识面，培养学生人文素养、写作能力和文学评价能力的教学目标。因此，我国汉语言文学专业教学必须进行改革。本节主要采用文献分析法、比较法、实例分析法等，分析了开放教育模式的特征与教学理念，分析了开放教育模式下的汉语言文学专业教学改革，旨在为开放教育模式下汉语言文学专业教学改革研究提供参考依据。

一、开放教育模式研究

（一）开放教育模式的特征

与传统教育模式相比，开放教育模式具有三个主要特征：第一，开放教育模式的教学核心是学生和学生的学习，它摆脱了传统教育围绕学校、教材、课程、教师为中心的模式，这是开放教育模式区别于传统教育最显著的特征；第二，开放教育主要以现代先进信息技术、多媒体技术为主要手段，有别于传统教育一本书、一支笔的课堂面对面交流的教学模式；第三，开放教育模式摆脱传统教育受时间、地点、条件限制的困境，为社会上所有想要学习的人提供了方便。这三个特征构成开放教育模式，缺少任何一个特征都不能构成完整的开放教育模式。由此可以总结出开放教育模式的概念是指用现代先进信息技术、多媒体技术等作为主要手段，以学生和学生的学习为核心，为所有想学习的人提供教学服务的一种教学模式。

（二）开放教育模式的教育理念

开放教育模式与传统教育模式最大的区别是教育理念的改变。开放教育模式主要有三个核心教育理念，分别是服务理念、平等理念和协作理念。服务理念是指在开放教育模式下，教师不是指挥、强迫学生学习，而是将学生放在第一位，一切以学生和学生的学习为中心。开放教育模式中一切都要为学生和学生的学习让位，因此，构建开放教育模式的第一步是转变教学理念，树立良好的服务理念。平等理念是指在教学过程中教师、学生的地位平等，和学生交流是教师的主要工作形式。教师从传统的被迫交流转化为积极主动交流，教师从传统的单向知识传播者向交流者转变。协作理念是指开放教育模式中教学手段和形式丰富多样，教学已经不能像传统教育一样单靠一个教师便能解决一节课程，开放教育模式下教学需要多个教师、多项现代化技术等进行协作教学。例如，网上文言文语言教学直播、疑难解答，需要文言文教学部门、网络通信技术部门、文言文专业教师团队、网络系统维护工程师等多方紧密协作才能完成。

二、开放教育模式下汉语言文学专业的教学改革

（一）教学理念改革

传统教学模式围绕教材、教师和学校课程安排教学，课堂教学主要依靠教师，教学理念是以教师为主、学生为辅。教师有时会忽视学生的主观感受和意向，导致教学与学生的需求相背离。在强迫学习的环境中，学生将学习汉语言当成一种“包袱”，会使学生在长期的压力下丧失学习兴趣。针对传统文言文专业教育存在的问题，开放教育模式下汉语言文学专业教学应首先改革教学理念。树立汉语言文学专业教学的服务理念、平等理念和协作理念，利用开放教育的先进教学理念构建开放教育模式下的汉语言文学专业教学模式。在汉语言文学专业教学过程中，将学生和教师置于平等的地位，将以教材、课堂、学校、教师为核心的教学理念转向以学生和学生学习为核心的理念。树立汉语言文学专业教学的协作教学理念，调动多方资源协助教学，充分整合汉语言文学专业的教学资源，实现最优资源配置，提高教学资源利用率，进而提高汉语言文学专业教学效率和质量。

（二）教学手段改革、

根据我国汉语言文学专业的特点可知，阅读是提高学生汉语言文学专业学生人文素养、写作技能、获得基础语言知识的重要手段，汉语言文学专业教学离不开大量的阅读资源，因此开放教育模式下的汉语言文学教学改革需要整合教学资源。整合教学资源的具体措施是利用现代网络技术收集、归纳社会上的我国文学精品，辅助汉语言文学教学，整合多元化专业知识资源，为学生提供更好的资源服务。传统教学手段注重教师的教学，手段单一，学生只是被动单向地接受知识，失去主动学习汉语言文学的积极性。汉语言文学专业教学的改革应注重教学手段的改革，校内课堂主要采用传统教学手段，现代教学手段为辅。校外远程开放教育以现代教学手段为主，传统教学手段为辅。汉语言文学教学手段应利用现代化技术，丰富教学手段和形式，为校内外想学习汉语言文学专业知识和技能的学生提供帮助。如利用网络技术、双向视频技术等，构建网上汉语言文学专业直播疑难解答，构建远程面对面集中授课，完善汉语言文学专业的共享平台，

安排专业维护共享平台的教师，及时为学生解决汉语言文学专业教学中遇到的难题，特殊学生特殊对待，开发有针对性的教学模式。

（三）提高教师素质

无论是哪门学科下、何种模式下的教学，都需要教师具有高水平的专业知识。尤其是汉语言文学专业教学，对教师汉语言文学专业知识的要求更高。如果教师不熟悉汉语言专业知识，便不可能做好汉语言文学专业的教学工作。汉语言文学专业对教师的改革首先要加强教师专业知识的培训，通过提高教师的专业知识水平，在学生心目中树立专家形象，取得学生对教师的信任，进而提高汉语言文学专业教学质量和效率。据相关资料研究表明，教师与学生之间的知识差距，会激发学生学习的兴趣。随着社会的发展，知识更新的速度不断加快，在这种背景下，汉语言文学专业的教师更应不断学习新知识，加快专业知识学习的速度，提高汉语言文学专业知识水平，为学生更好地讲授知识。其次，教师应加强现代化教育技术知识的学习，熟练掌握现代化信息技术，学会熟练操控现代化信息技术设备。开放教育模式下的汉语言文学专业教学摆脱了传统教师与学生近距离面对面教学模式，以现代化技术为载体进行现代化教学，即“人——机——人”的教育模式。在这种教育模式下，教师应熟练掌握各种与教学有关的现代技术，学会使用视频技术与学生远程面对面交流，学会用社交软件与学生交流，通过交流及时发现学生学习过程中遇到的问题并及时解决，为学生提供周到、细致的教学服务。学校鼓励教师学习远程开放教育理论，鼓励教师学习现代化教学手段，将远程开放教学纳入教师考评机制中。

（四）教学内容改革

因为传统汉语言文学教材只适合传统教学模式，不适合远程开放教育模式下的教学，所以新模式下的汉语言文学教学需要改革教学内容。传统汉语言文学教学内容的不足是缺乏应用性，传统汉语言文学教学内容注重学生知识、理论的提升，忽视能力的培养。针对以上问题，改革应重视学生实战技能和社会实践能力的培养，教学围绕应用性开展。具体措施是：教学内容改革以汉语言文学专业学生踏入社会的就业指导为导向，以汉语言文学专业知识为中心，将教学内容与国家、社会的需求挂钩，培养国家、社会需要的人才。比如，目前我国正处于网络信息时代，社会需要综合素质高的网络编辑人才，学校经过汉语言文学专业就业方向的调查、分析、预测后，应根据实际情况制订各种应用类、技巧类教学课程，增加选修课数量，向学生开放，并根据需求适当调整。

汉语言文学专业教学作为我国教育教学的重要组成部分，关系着我国新闻、出版、编辑等行业的发展，学校应响应国家方针、政策，根据实际情况积极改革教学模式、教学理念和教学手段。开放教育模式下汉语言文学专业教学改革应注重现代化教学手段的运用，整合教学资源，提高教师综合素质，在教学内容上重视将学生实战技能、社会实践能力的教学围绕应用性开展。

第三节　汉语言文学专业教学中的研究型学习模式

研究型学习模式的提出，是为了应对目前本科大众化教育下出现的低俗化、劣质化倾向，它包括四个层面：听——教师的引导、示范作用；读——知识的积淀与思想内涵；说——知识的运用与思维的锻炼；写——文字的运用、逻辑的安排、思想的交融。四者共同构成的立体教学模型，既相互统一，又各具独立性，为提升学生综合素质奠定基础。为贯彻落实这一学习模式，还需建立一个由教师、学生、课程设计组成的三层面的保障机制。

一、研究型学习模式——汉语言文学专业教学的新尝试

研究型学习不算新事物，但在本科教育中真正详细论述研究性学习模式的极为少见，更多的研究者把研究型学习模式看成是研究生教育的专利，对本科生的教育还停留在灌输式的知识传授阶段。笔者认为，为适应素质教育的需要，在大学本科教育中引进研究型学习模式，是变被动学习为主动思考、变知识灌输为能力培养的必然要求。研究型学习模式不是把每个学生都当成学术科研的后备军，而是通过科学研究的流程，如搜集资料、提出问题、分析问题、解决问题、撰写论文等，培养学生在听、说、读、写方面的综合能力，为学生进入社会、适应复杂的社会需求和进一步学习深造奠定基础。具体有如下四个层次：

听—教师的引导、示范作用。以往论者也强调“听”的功能，认为“听”中“教师起到的示范引领的作用尤为关键”。但以往论者“听”的功能过于狭窄，偏向于诵读名篇以唤起学生的审美感受，或者利用视频等引起学生兴趣。笔者认为，研究型学习所谓的“听”指的是教师在课堂上对学习方法与思维方式的传授，学生在教师的引导下学会如何学习、如何

思考。“听”虽以学生为主体，但教师的“讲”显然是“听”的前提与基础，所以教师如何“讲”就成了学生“听”后是否有成效的关键。具体到讲的内容，有如下几个方面：

首先，如何读书，书这么多，读哪些书，这是一个选择问题。目前，本科生教育普遍偏于教材，对于原典、原著的研读远远不够。笔者认为可以建构一个以作品为核心、学术专著与论文为辅的三层面立体读书模型。文学作品是感性的，没有李白、杜甫、苏轼等作品文本的浸染，审美趣味与文字功底将失去基础的依托；学术专著与论文是理性的提炼与升华，是传授学生如何研读作品、如何思考问题的依据。教师可以根据自己讲授的课程为学生列一个综合性的书目，所选书籍不能太多，否则负担过重；也不能太少，否则流于形式难以奏效。选择之后，教师需要告诉学生哪些先读，哪些后读；哪些详读，哪些略读。

其次，教师应该以自己广博的知识与深邃的思想去讲解所选择的作家作品与流派，在讲授之中使学生受到思想的启迪，感受文学的魅力，领悟人生的真谛。这非一朝一夕之功，必须在教师阅读作品、专著、论文并消化的情况下才能做到，此时的授课将超越知识的灌输而成为思想交锋的饕餮盛宴。

读——知识的积淀与思想内涵。“听”主要是教师“讲”的引领过程，“读”则需要学生耐得住寂寞、坐得住板凳，十年如一日、持之以恒地读下去。没有大量读作品、读论文、读学术专著、读社会这本大书的积淀，大学生的素质教育将永远是句空话，大学生课堂上与教师的交流也将陷于游谈无根，至于适应社会工作或进一步深造写作能力更是无从落实。因此，只有大量读才能说，才能写。教师教授读书方法之后，学生沉下心来真正一本一本读书、一篇一篇看论文才是奠定扎实功底的有效方法。钱穆先生就说过：“书能一本本一部部地读，埋头读。”读书方面，每周能读 2 篇至 3 篇学术论文，每月能读 3 部作品与 1 部学术专著，那么何愁学生说与写的能力？读书不只是翻书，读书过程中的摘抄与做读书笔记能够起到积淀知识与深化思维的作用。如何做读书笔记呢？读书笔记有什么用呢？读书笔记一方面是围绕一个主题搜集资料，锻炼学生搜集资料与信息的能力；另一方面读书笔记需要学生组织文字，锻炼学生的文字功底；最后读书笔记还需要提出问题、分析问题甚至解决问题，对学生独立解决问题的能力提出了较高的要求。

说——知识的运用与思维的锻炼。没有知识的储备与思维方面的锻炼，“说”将是信口开河，不知所云。因此，这部分虽以“说”立论，但重点阐述的还是教师教授学生如何提出问题、分析问题、解决问题的思考方式。以实例的形式把原文展示给学生，然后引导学生从什么角度提出问题、分析问题、解决问题是至关重要的。在教学过程中可以结合讲解的内容随时随地插入该环节，培养学生解读文本的能力，也养成独立思考的习惯。前有教师讲授如何读书、如何思考，后有学生照此扎实读书、做好笔记，课堂上围绕某一专题让同学们相互讨论才能不流于形式，让学生真正做到学以致用。学生平时围绕某一作家的论文与专著越多，把握的细节越精准，掌握的知识越全面，展示的视野越开阔，最后思想的交锋也就越激烈。

写——文字的运用、逻辑的安排、思想的交融。这个“写”既包括较低层次的摘抄与逐条式笔记，也包括单篇的读书札记，更包括具有一定创造性的学术论文。“写”是最后一个环节，也是最难的一个环节，它是学生在听教师讲解学习与思维方法、大量读论文与作品、课堂讨论与辩论中阐述自己观点基础上的综合运用。这个过程既考查学生文字运用的功底，又考查逻辑层次的安排，更关注自己独创性思想的酝酿。平时读书的涵养、教师讲授的方法、讨论时思维的锻炼等都将融为一个有机整体。具体方法是以笔记与摘抄为主，模仿经典学术论文，掌握学术论文写作规范，为写作能力的提升打下基础。另外，教师还需要给学生介绍一些常用的数据库与学术专著。大学生每个星期至少阅读与专业课程相关的高质量学术论文2篇至3篇，学术思维渐渐养成后将终身受用。

二、贯彻、落实研究型学习模式的可行性

人文素养的培育非一朝一夕之功，研究型学习模式的贯彻是以大量时间与精力的投入为前提的。没有时间的保证与实践的操练，再好的教育理念与模型都将沦为空谈。把研究型学习模式在汉语言文学专业教学中落到实处，需要三个层面的协作。

首先，教师层面。研究型学习模式中，教师是教学中的主导，如何传授学习方法，如何开列读书目录，如何做读书笔记，如何提出问题、分析问题、解决问题，都需要教师在这方面具备极强的综合能力。具体如下：第一，教师能力方面的培养。所谓“名师出高徒”，要培养一个“听、说、读、写”综合素养高的学生，首先要求教师具有独特的造诣与深厚的涵养。

而这种涵养是从大量读专著、读论文并进行持续不断思考、写作、教学中而来。第二，教学方式的创新。有些教师有科研能力，但缺乏教学的技巧与经验，导致最后的教学效果不理想。科研能力并不必然等于教学能力，所以，有科研能力的教师如何把这种能力转化为教学能力仍然是需要持续关注的重点。第三，改变对教师的考核方式，加强对教师职称的评定和能力的考察，关于教学成果的权重，各种奖励与教学成果直接挂钩，让教师摆脱“教好教坏一个样”的放任心态，在制度性的利益保障下，必将刺激教师花费更多时间与精力改进教学方法。

其次，学生层面。学生的主体性相对较弱，在现实大环境极为不利的情况下靠他们自己去主动学习，实难奏效。所以，客观上建立一个更为完整、科学的评价体系就是迫切需要解决的问题。

最后，课程设计层面。我国大学本科教育的课时安排过于紧凑，现在的大学生不是缺少上课的机会，而是这种机会太多，把他们的生活与时间挤得满满当当，没有时间也没有精力去进一步学习和深造。现在大学本科教育最大的弊病就是只有记忆，没有课后的思考使学生消化知识。反观研究生教育，恰恰是较少的教师引导与学生大量自主学习时间的结合，才使学生真正超越单纯被动地接受变为主动学习。所以，课程设计方面应精选必修课程，删减不太相关的课程。

第四节　汉语言文学专业普通话教学中的翻转课堂模式

翻转课堂模式是一种新型的教学方式，它打破了我国传统教学中以教师为主导的模式。随着教育的大力改革，翻转课堂模式已经在各大高校的课堂上得到广泛应用，并且效果显著。本节以高校普通话教学为立足点，剖析翻转课堂模式的特点，进一步讨论课堂模式教学的必要性，最后重点探讨在高校汉语言文学专业普通话教学中如何有效地利用翻转课堂模式展开教学。

一、翻转课堂模式的特点

翻转课堂模式，又被称为颠倒课堂。传统的教学结构是，白天教师在课堂上传授新知识，晚上学生在家里完成作业，对知识进行消化与巩固。翻转课堂模式是，白天学生在课堂上做作业，巩固所学知识，回家后再自主学习新知识。翻转课堂模式改变了教学结构，同时还改变了教师与学生的角色、主体以及任务。以下从四个方面简要分析翻转课堂模式的特点。

（一）教学结构方面

教学结构的特点主要表现在将之前的教学模式进行了完全翻转。白天，组织学生在教室集中进行自主学习，比如完成作业、复习已学知识等，教师再针对学生提出的知识难点进行讲解与分析，从而加深学生对知识点的理解和掌握。晚上，学生借助网络，通过观看教学视频的方式进行独立学习。

（二）教师角色方面

教师角色的特点主要是由主导者转变成了指导者与督促者，在指导与督促的过程中，进一步观察学生的情况，再根据其个体的差异性，对课堂教学进行有效的调整，从而帮助每一位学生更好地自主学习。

（三）学生角色方面

学生角色的特点主要是由原先的学习内容接收者变成了学习中真正的主体。学生可以根据自己的进度来有效调整学习的场所、时间、学习量以及内容。学习的过程其实并不是独立完成的过程，而是在利用学习工具的基础上，与同学或者教师交流、帮助与讨论相互协作学习的过程。这种学习模式不仅增强了团队意识，也对所学知识有了更深层次的理解与巩固。

（四）课堂时间方面

翻转课堂的特点是教师在课堂上的授课时间减少，学生自主学习的时间相应增多，学生之间交流学习的机会与时间也开始增多。

二、汉语言文学专业普通话教学中翻转课堂模式应用的必要性

汉语言文学专业的学生对普通话的掌握程度要求较高，随着教育的不断改革，对于普通话的教学也提出了新要求，教师应该积极地使用网络技术、多媒体等现代化的手段，构建出适合学生自主以及个性化学习的教学模式，即在充分采用多媒体技术的基础上，使教学方式更加灵活多样，加

强师生之间的互动以及学生们的协作学习能力。许多教师也在朝着新要求的方向努力，但是在理论与实践中仍然存在较大的差距，主要表现在两个方面：一方面，是汉语言文学专业学生的自身原因。由于生源差异，有些学生来自偏远山区，他们的方言腔调较重，平时普通话练习也较少，普通话基础差导致了他们对普通话的学习并没有多大兴趣，上课的积极性不高，参与性也不强。另一方面，是教师方面的原因。部分高校普通话教师为了尽快完成教学任务，在教学过程中对课程的控制往往非常紧张，主要以讲解知识为主，完全忽略了与学生的互动，所以听不到学生的想法与观点，没有充分重视学生的主体地位，学生非常被动，没有参与感。

三、汉语言文学专业普通话教学中翻转课堂模式的有效应用

为了确保翻转课堂模式在汉语言文学专业普通话教学中充分发挥作用，在教学设计方面，教师应把学生的实际情况与课堂教学相结合。将普通话教学分为三个阶段来探讨翻转课堂模式的有效运用，具体阐述如下：

（一）信息传递阶段

信息传递阶段就是在教师的引导下学生自主学习的阶段。就普通话教学来说，教师应该严格按照教学大纲与人才培养方案的要求来制作教学视频，但要注意以下几点：

1. 教学视频应做到短小精悍，作品的选择应贴近生活

教学视频在课堂中的使用被称作微课，即微型课堂，是将简短的教学视频作为载体，教师再针对一个知识点或者教学环节来设计的一种情景教学，其中知识点可以是重点、难点和考点。教学环节一般是学习的主体、任务以及活动等。以往普通话教学中教师选择的视频存在数量多、内容长的缺点，导致学生刚开始观看时很有兴趣，但时间长了就会失去学习的兴趣。由于学生注意力集中的时间只有 8 分钟左右，因此，教师在设计教学视频时，时长最好也控制在 8 分钟之内。

除此之外，对于普通话的学习，培养语感相当重要。现在很多普通话教材都是选取优秀作品，这固然有很好的语言示范作用，但也存在一定的弊端，即这些作品与学生现实生活之间有一定的距离。因此，应该更多地选择一些时下关注度高，并且与学生学习生活相关的话题作为教材内容。教师在选择教学视频素材时，在结合教材的基础上，可以适当地搜集相关能

够直接交流的普通话语境素材，让学生通过观看与日常生活相关的教学材料来培养自己的语感，进一步锻炼语言的发音准确度，这样才能达到事半功倍的效果。

2. 教学视频要有吸引力

学生在观看教学视频时，注意力往往容易被视频中的背景分散，因此，教师在设计视频时，要注意视频的背景不要过于花哨，可以隐去视频，采用画外音的方式，在学习过程中主要以语言、音调为主。

3. 教学视频的定位要准确、难易适中

并不是所有的学生都有较强的自主学习能力，部分学生存在知识基础与自学能力比较弱的问题，教师在教学中应该考虑到这方面的因素。视频教学内容的定位要以教学大纲为标准，结合学生的实际情况来设计练习题的难度和数量。知识点的难易程度最好循序渐进，教师在讲解难题时，也要重新对知识结构进行梳理，使学生时刻跟上教学进度。

（二）课堂互动阶段

高校大学生的重点学习任务是对专业知识的学习以及技术能力的培养。对于汉语言文学专业的学生来说，普通话课程的学习时间非常有限，教师无法在课堂上对学生提出的问题一一进行解答。因此，教师应该针对学生在信息传递阶段反馈的难点和重点进行归纳与总结，再把其中有代表性的问题甄选出来，在课堂上进行分组讨论。课堂互动阶段可以有效地使学生把学习过的知识点进行消化，在此阶段教师应该注意以下几点：

1. 注重学生的差异性

在课堂的互动阶段，教师应该注重学生的个体差异性。高校学生大都来自不同地区，普通话水平参差不齐，尤其是来自方言区的学生，普通话对他们来说非常困难。因此，教师在设计课堂的讨论内容时，不可以一概而论，要充分考虑学生的差异性，根据不同的课程目标与人才培养目标来设计课堂互动的内容。

2. 培养学生解决问题的能力

在互动讨论中，教师要让学生自己去选择感兴趣的题目进行探究，即重视学生的主体地位。大多数汉语言文学专业学生对普通话课程没有引起足够的重视，因此缺乏独立思考与解决问题的能力，课堂互动能很好地弥补这一不足。学生对某一部分知识比较感兴趣，教师应该鼓励他们去尝试学习；学生在选择了自己感兴趣的题目以后，再由教师给予指导，引导学生小组合作学习，在这个过程中完成知识点的消化与知识体系的巩固。

3. 灵活运用分组讨论的形式

在分组探讨时，教师不必拘泥于传统的教学模式，可以完全开放课堂；学生不必坐在固定的座位上，而是每一组学生坐在一起围成圆圈，根据本组的题目各抒己见，一起讨论研究，在每个小组成员的协助下完成教师分配的学习任务。除此之外，教师还应该加上成果展示的环节，即在课堂上让学生以个人或者小组的名义对思考与探讨的结果进行展示；展示的形式可以多样化，比如演讲、角色扮演、小组辩论以及小型比赛等。展示结束后，教师再对每一组的探究成果进行总结和评价，肯定成绩并及时纠正一些错误的，以加深学生对知识点的认识与理解，这样，学生在教师的帮助下，会形成一个相对完整的知识体系。

（三）评价反馈阶段

翻转课堂模式下的评价与反馈，要以新课程改革为前提，对传统教学中的评价反馈机制进行改革和完善，在考虑学生个体差异性的基础上，鼓励学生呈现多样化评价。只有合理地评价，才会激发学生更有效地学习。具体主要表现在考核标准的完善及考评人员的多样化两方面。

目前，多数高校普通话教学的考核与评价仍然只是一个简单测试，并未深层次考查学生的普通话基础认知。将翻转课堂运用在教学中，也应该灵活运用在评价反馈上。对学生的评价要充分重视学生的个体差异性，评价的结果要结合学生在信息传递阶段与课堂互动阶段的表现。例如，学生在观看了教学视频之后能指出某些词语发音的重要性，自己的不足之处在哪里，并能在同学与同学之间、小组与小组之间互相帮助。评价模式不再是教师的单一评价模式，而是由教师评价、学生自评和学生互评组成的多元评价模式。

信息时代的到来，为汉语言文学专业普通话教学的改革带来了机遇，也带来了挑战。普通话教师充分合理地利用互联网的优势进行备课、上课，在一定程度上可以提高学生的普通话交际能力；同时，翻转课堂模式也可以利用互联网上的学习资源，使学生得到个性化的发展和教育。尽管翻转课堂模式目前还不能完全替代传统的教学模式，但它极有可能是未来普通话教学的发展方向。

第五节　“互联网 +”时代下汉语言文学教学新模式

随着“互联网 +”时代的到来，社会大环境发生了很大的变化。社交网络、大数据、云计算、智慧地球的出现和发展，都对培养社会需求型人才提出了更高的要求，尤其高校汉语言文学专业教学新模式的探究已经成为高校教学的主要内容之一。本节基于这一背景首先阐述“互联网 +”时代下汉语言文学专业培养人才的背景，分析汉语言文学教学现状，并针对现状提出“互联网 +”时代下创新汉语言文学教学新模式的主要策略。

一、“互联网 +”时代下汉语言文学专业培养人才的背景

（一）汉语言文学与“互联网 +”时代的内涵

汉语言文学专业主要是培养学生汉语言文学基本理论、基础知识和基本技能，使之能在新闻文艺出版部门、科研机构和事业单位从事文学评论、汉语言文学教学与研究工作。而“互联网 +”代表一种新的经济形态，即充分发挥互联网在生产要素配置中的优化和集成作用，将互联网的创新成果深度融入社会的各个领域，提高实体经济的创新力和生产力，形成更广泛的经济发展新形态。重点是以云计算、大数据等为代表的新一代信息技术的融合和创新。

（二）“互联网 +”时代汉语言文学专业培养人才的背景

汉语言文学具有传统性强的特点，汉语言文学专业历史悠久，它本身涵盖了很多文化，因此汉语言文学课程教学体系较为科学和健全。但是随着时代的发展和进步，要想满足社会对汉语言文学人才的需求，汉语言文学教学应该顺应时代的发展趋势，更新教学理念、改革教学方式，根据社会对汉语言文学人才的需求进行针对化教学，从而提高教学的针对性和实效性。另外，“互联网 +”时代背景下汉语言文学教学不仅要不断改革，还要在改革的基础上保留精华，针对社会需求建立汉语言文学人才培养新模式，这对培养时代型人才有重要意义。

在“互联网 +”时代下，汉语言文学教学仍然存在一些不足之处。一方面，汉语言文学教学仍然采用传统的教学理念，教师按照自己的理解给学生讲解，存在一定的局限性。教学仍然停留在对文字和文章简单地解读，这在一定程度上难以实现对汉语言文学人才培养的目标。因此，只有掌握

专业的理论知识，跟随时代的脚步，不断提升自己才能真正实现自身的价值，成为社会需求型人才。另一方面，教师缺乏对学生的情感教育。在教学中课堂以教师为主体，学生的课堂参与积极性不高，学生和教师存在距离感，教师没有充分了解学生的学习需求，以至于学生的学习积极性不高，影响汉语言文学教学质量和学生的学习效率。

二、“互联网 +”时代下创新汉语言文学教学新模式的策略

（一）教师应该转变教学理念和教学模式

在传统的教学中，教师是课堂的主体，难以发挥学生的学习积极性，甚至会使一些学生对汉语言文学学习产生抵触心理。为此，教师应该顺应时代的发展潮流，尊重学生的主体地位，满足学生个性化发展的需求。在“互联网 +”时代，教师可以充分发挥互联网的优势，借助信息技术充分发挥学生的主观能动性，这也是提高学生课堂学习效率的重要方式。

（二）提高教师的综合素质、注重对学生的情感教育

教师是课堂的引导者，是教学目标和教学内容的制定者，在整个教学过程中发挥着不可替代的作用，因此教师的综合素质是决定教学质量的重要因素。为此，教师除了要具备专业的理论知识之外，还要不断地提升自己的综合素质。一方面，教师在教学中应该利用网络资源共享的优势更新教学理念、创新教学方法、建立引导式教学模式；另一方面，教师应该让学生感受到自己的热情和关怀，多鼓励学生，利用网络多和学生交流和沟通，拉近与学生的距离。

（三）注重教学目标的培养，提高学生就业能力

在“互联网 +”时代，高校学生面临越来越大的就业压力，社会对人才的要求也越来越高，因此高校在汉语言文学教学中应该以社会对人才的要求作为教学的主要目标，将学生培养成全面发展的人才。为此，学校应该针对需求对教学模式进行改革和创新，为汉语言文学教学建立系统的教学体系，包括提高学生的写作能力和语言组织能力，将理论应用于实践的能力和课堂互动能力等。让学生运用所学知识解决现实生活中遇到的问题，为今后的成长和工作奠定基础。

在“互联网 +”时代背景下，汉语言文学教学模式的改革和创新应该成为汉语言文学教学的主要内容，这也是提高汉语言文学教学水平和教学质

量的重要途径。为此，高校可以通过转变教学理念、丰富教学方法、提高教师的综合素质以及促进学生就业能力等途径来创新汉语言文学教学模式，为社会培养汉语言文学人才。

第六节 后现代教学观照下的汉语言文学教学模式

后现代教学观和我们现代的教学思想观念有很多相似之处，同时它也是对现代教学思想的一种创新和改革。因此，后现代教学观的出现对我国高校教学改革产生一定的影响。在后现代教学观照下进行汉语言文学教学，应该取其精华，去其糟粕，创新教学模式，促进教学质量的提升。本节主要对后现代教学观照下的汉语言文学教学模式进行简单的阐述，供相应的教师参考。

一、后现代教学观照下的教学理念

（一）教学过程中学生和教师是平等的

在后现代教学观照下进行汉语言文学教学过程中，教师和学生是平等的，即不赞同教师就是权威性的代表，不赞同教师一味讲解、学生只能被动接受，没有发言权。而是鼓励在课堂教学中学生和教师是平等的，鼓励师生加强交流与沟通。当然，在这种平等关系中学生依然要听从教师的安排，只是教师会给学生足够的时间用来思考和交流，为了保证课程顺利进行，教师还要扮演引导者的角色，及时对学生进行正确的引导，保证整个课程的进度。

（二）教学过程中加入对话

对话是整个后现代教学观照下的主要思想。在教学过程中进行平等、开放、富有想象力的对话可以激发学生的学习潜能。同时对话的过程可以拓宽学生的视野，活跃学生的思维，提高他们的思维能力。此外，对话的过程也是理论联系实际的过程，学生与学生之间的对话或者学生和教师之间的对话都是对于所学理论知识的讨论与运用，在对话中学生和教师都会对这些知识有新的认识和理解。

（三）教学过程中采用阐释的教学方法

在后现代教学观照下进行教学，一般选择阐释的教学方法。这种教学方法与传统的方法截然不同，它倡导学生不能只是一味地听从教师讲解，而是应该为学生营造开放的学习环境，即在整个教学过程中给学生更多的自由，让他们自主学习，激发他们的想象力，让他们真正地理解所学的知识内容。采用这种教学方法教师不仅教会学生所学的内容，同时教会了他们怎么去学，培养了学生的学习能力，以及运用理论知识的能力。另外，在后现代教学观照下，教师对学生的点评方式更加全面。这种模式下教师认为每一个学生都是独一无二的，它强调学生的个体差异性，鼓励学生发展自己的个性，而不像传统评价模式一样按照统一的标准去评价所有的学生，因为传统评价模式不利于学生的发展。在评价过程中，不能只关注学生最终的结果，还应该关注学生在整个学习过程中的表现，比如一些学生的考试成绩虽然不是很理想，但是他们在平常的学习中很努力也很认真，这个时候教师也要肯定他们在平常学习中的努力，将其作为考评的一部分，只有这样才能鼓励更多的学生在整个学习过程中努力学习。

二、后现代教学观照下的汉语言文学教学模式

（一）由传统的计划学习变成现在的合作学习

这里提到的计划学习就是在进行学习之前教师就已经为学生设定好学习的具体环节，整个学习过程学生只能按照教师的安排按部就班地进行。实际上这种教学方法并不能满足现阶段汉语言文学教学的需求，在整个学习中学生只能被动地接受教师所讲的内容，自己根本没有时间思考和交流，久而久之学生就会变成学习的机器，完全不能领会教师所讲内容的真正含义。而在后现代教学观照下倡导合作学习，即在整个教学过程中，教师可以给学生充足的时间自主合作学习，培养学生学习兴趣，调动学生学习的积极性和主动性，充分发挥他们在学习中的主体性，打破传统教学的思维局限，给学生更多的自由，让他们自己去领悟所学的内容，才能将所学知识内化并为己所用。

（二）在教学过程中加强互动

在传统的汉语言文学教学过程中，师生之间的互动机会很少，即使有互动的机会一般也是教师和某一位学生之间的互动，不能充分发挥双向互动的价值。而在后现代教学模式下，鼓励教师与学生个体之间的互动，教师可以与一名或多名学生进行互动，根据教学的需要进行相应的教学互动，在互动中引导学生更好地学习。

（三）改变教学目标

传统的汉语言文学教学目标一般是学生只要大概理解、掌握课本的一些内容即可，但是这样的教学目标并不能使学生真正地领会所讲内容的具体含义，也不知道怎样将课本中学到的理论知识运用到实际生活中，所以这样来看传统的教学目标还是有待完善的。在后现代教学观照下，对传统的教学目标进行改进，即让学生在理解所学内容的基础上进行掌握，并且鼓励学生勤动脑、多思考，善于将自己所学的理论知识运用到实际生活中，活学活用，这样才能真正地理解所学的内容。

第九章　汉语言文学的教学方法

第一节　汉语言文学审美教学方法

审美教育在汉语言文学中的渗透，对提高汉语言文学的教学质量有着重要的作用。因此，学校教师应该加以重视，培养学生健康高尚的审美情趣。汉语言文学教学是一个充满人情味的审美过程，在教学过程中，教师需要积极挖掘教材中的审美要素，重视美的熏陶，激发学生对语言文字的热爱。将审美教育融入汉语言文学教学过程中，是深化语文教学改革的一项重要内容。在激烈的市场竞争中，审美素养也逐渐成为提高学生竞争力的职业必备素养，所以高校需要重视汉语言文学教学中的审美教育，从而提升学生的文学鉴赏力。

汉语言文学是我国高校教育教学课程体系的重要学科之一，是对高校学生进行素质教育和人文教育的重要内容。在汉语言文学教学中开展审美教育，既是新时期高校素质教育和学生全面教育的重要要求，也是汉语言文学学科本身属性特点和学生审美情趣能力培养、文化素养提升的重要措施和方法。在汉语言文学教学中开展审美教育是当前汉语言文学教学研究的热点和重点，是新时期高校学科素质教育改革和创新的一个重要内容，也是对学生的审美情趣、人文素养和精神文化素质进行培养的重要手段。面对越来越复杂的经济社会发展趋势，通过汉语言文学审美教育对学生进行全面的培养，是新时期汉语言文学教育发展的一个重要趋势。

一、审美教育的内涵

审美教育主要是指审美能力的培养和提升，而审美能力则是对审美感受能力、鉴赏能力、想象能力以及创造能力等相关能力的总称。其中，审美感受能力是开展其他能力的重要基础，是整个审美过程的出发点，作为审美教育的最基本内容，审美感受能力主要是指对审美主体的感官美感获得方式和方法进行培养的教育；审美鉴赏能力则是在感受基础上产生的对“美”进行辨别、理解和评价的能力，辨别能力则是审美教育的重要环节；审美想象能力是指，将外部感知的“美”与自身的知识、能力、经验等要素结合起来产生精神美的感受能力；审美创造能力则是在以上所提到的能力的基础上通过实践创造和创新的“美”，审美创造能力是审美能力的最高层次，同时也是审美教育最终要达到的目的。

二、审美教育在汉语言文学教学中的现状

文学作品的鉴赏需要学生具有深厚的文学素养，因此，在教学过程中，教师应该更加重视对文学作品的写作技巧和行文结构的安排，从而使学生的文字敏感度得到增强。一方面，我国大部分院校审美教学的课时不够、内容不足，教学方式也不够新颖，对汉语言文学专业的讲解没有深度，难以强化学生的专业技能；另一方面，虽然很多学生选择了汉语言文学专业，但并不喜欢它，他们内心抗拒这个专业并且缺乏专业认同感，这些原因导致学生学习积极性不足，缺乏专业文化素养。

三、提升审美教育的教学措施

（一）结合教材，挖掘审美因素

语文教材中以优美的语言反映社会之美、自然之美和艺术之美，这就要求在语文教学中，根据不同教材发掘不同美的因素，渗透审美教育，使学生感受美。

被选进语文教材中的文学作品比现实更具有典型性，因而语文教材中的文学作品更能引起人们的共鸣，给人的感染和熏陶更为强烈。社会的美是指心灵美、人格美、精神美等，是指人的思想方面的美。

自然界的美更加精致、细腻、激动人心，语文教材里对于自然之美的描写也不在少数，高山的美，大海的美，都是大自然的美。教材中关于美景的描述，使我们可以在掌握语文知识的同时，体会祖国山水的秀美壮丽，从而培养学生的审美情怀。

艺术美是社会美、自然美的集中体现。诗歌的音乐美、散文的韵律美、戏剧的冲突美、小说的整体美，都能勾起我们审美的冲动。甚至是文章精巧的构思、质朴的语言、丰富的想象等都体现了教材中蕴含的审美艺术。

（二）结合情感，激发审美的渴求

任何题材的文章都具有感情，每一篇文章都是作者呕心沥血之作，饱含着作者对现实生活的深刻认识，并且倾吐着作者对人和事的深厚感情。在教学中教师要将学生带到文章的感情中来，这首先要求教师全身心投入教学中去，激发学生对审美的渴望。教师的情感源于对教材的理解，只有思想启迪带来的浓郁、真实的情感，才能与学生碰撞出思想的火花，从而感染、教育学生。

比如，《最后一课》这篇文章就可以引起学生强烈的情感共鸣，课文中的爱国情与学生被激发出的感情自然地融合在一起，在情感共鸣的波涛中，学生不仅学习到了知识，又提高了审美的能力。

（三）采用听、说、读、写的训练方法，实施审美教育

首先，教师可以通过朗读来体会文章的音律美，悦耳的声音、适宜的节奏、起伏的语调，可以激发学生对美的兴趣和追求，对提高学生的语言修养有着不可替代的作用。教师的朗读尤为重要，教师声情并茂的朗读，可以引发学生情感的共鸣，使学生快速进入形象思维，进而深入体会到文字中和谐统一的声韵美、参差错落的节奏美和情景交融的意境美。

其次，教师可以运用媒体来领悟文字中的意境美，文字中的感情要通过想象和联想才能够感觉到，这就是文学欣赏的间接性。因此，在很多时候，可以运用媒体进行气氛的渲染，从而使学生可以更加逼真地感觉到文章所要表达的感情，让学生尽情陶醉在美的艺术氛围中。

再次，教师可以通过板书展现出篇章的结构美，好的板书不仅能激发学生的学习兴趣，还有助于学生对课文内容的理解，更能展现出篇章的结构美。精美的板书，还可以带给学生美的感受，提高学生的审美能力。

最后，教师还可以通过实践操作创造美，比如布置寝室，美化教室，举办文艺演出等。在社会环境中，每一个学生都要进行交际活动，这就为学生提供了一个创造语言美的空间，语言美不仅可以改善人际关系，还可以体现社会中人与人之间崇高美好的思想境界。

审美教育是汉语言文学课程教学的重要组成部分，可以在很大程度上提高学生的竞争力。因此，必须引起各大院校的重视，强化教师的审美教育思想，帮助学生提高自身对美的感知能力，提升艺术素养，激发学生审美创造的情感和兴趣。

第二节　新媒体环境下汉语言文学教学

新媒体技术的发展为汉语言文学教学优化奠定了基础，借助新型教学手段极大地提升了课堂效率。借助新媒体的汉语言文学其课堂教学内容得到逐步丰富，开阔了学生眼界，拓宽了知识面，提升了学生学习汉语言文学的综合能力。本节将主要探讨新媒体环境下汉语言文学教学的优化策略。

一、新媒体环境下汉语言文学教学面临的挑战

（一）网络流行语冲击传统教学

汉语言文学是一门专门研究中国各种流派和各个时期文学作品的学科，在学习和研究汉语言文学的过程中需要秉持专注和专业的精神。由于中国新媒体环境的不断变化，越来越多的网络用语充斥在学生的学习和生活之中。这些网络用语的构成不够规范，缺乏缜密的语法和词汇结构，并且还携带了部分人为构造的内容。这些新兴且不严谨的网络用语为汉语言文学的教学设置了障碍，学生在学习汉语言文学时会受到一定的影响。总而言之，网络用语的普及在很大程度上影响了人们遣词造句的方式。

（二）受众地位发生变化

随着中国新媒体的飞速发展，汉语言的受众地位也受到了一定的冲击。

由于网络语言的普及，导致人们在日常生活中也会使用一些网络用语，如“真是醉了”“我的内心受到一万点暴击”等，在网络用语泛滥的情况下，传统的汉语言文学地位以及作用受到影响。如此一来，人们便渐渐忘却要提笔写字或者是对用词用句进行雕琢，而是喜欢方便快捷的网络用语，这对人们形成正确的汉语言思维方式是极为不利的。

二、新媒体环境下汉语言文学教学优化策略

（一）利用微课进行教学

微课的时常一般不超过 10 分钟，这种教学模式可以将时间进行分段，从而让学生能够利用碎片化的时间学习汉语言文学的知识。例如，在学习具体的课文时，教师可以将这篇文章涵盖的重点内容转变成微课的形式。教师需要首先帮助学生梳理清楚相关的概念，在引出概念的过程中，需要注意概念描述要简洁，抓住重点。学习汉语言文学需要不间断地汲取汉语言文学的知识，还要搭配相应的练习来巩固已学的知识点。因此，在微课结

尾布置相关的练习能够提升学生对汉语言文学知识点的理解，帮助加强对某部分内容的印象，在潜移默化中提升学生对汉语言文学的理解能力。

（二）使用电子课件进行教学

在进行汉语言文学教学的过程中，使用电子课件讲解知识点不仅能让教学过程变得生动，还可以有效引导学生进行汉语言文学内容的学习。电子课件的内容应当简洁，且要抓住重点知识。电子课件的内容包括课本内容，也需要对基础知识进行相应的补充和深化。例如，在学习文学概论过程中，教师需要将每一章的内容都单独制作成一个电子课件。电子课件的内容需要涵盖每一个时间段文学作品的名称、相关概念、重点的人物和文学作品的介绍以及这些文学作品为后世带来的影响等。如果时间允许的话，也可以加入总结的内容。电子课件的内容需要尽量完整和丰富，让学生在使用电子课件后能够记住重点，帮助其加深记忆。

（三）利用新媒体提升学习效率

利用新媒体能够有效提升学生的学习效率，以阅读效率为例。在学习汉语言文学的过程中不可避免地会进行大量的阅读。学生在学习过程中的主要任务也是进行汉语言文学的阅读，但由于汉语言文学中存在大量的内容需要阅读，因此提升学生的阅读效率至关重要。在汉语言文学的教学课堂上，教师也应当利用新媒体来帮助学生提升阅读效率。阅读效率的提升和写作能力的提高具有紧密的联系，对于一名汉语言文学专业的学生而言，阅读效率的提升可以通过提高写作能力而获得。在汉语言文学的教学课堂中，利用新媒体打造体验式的教学课堂既能够提升学生的阅读效率，还能够有效提升其写作能力，使学生在阅读与写作相结合的学习中增强情感体验。教师在教授有关汉语言文学的阅读篇目时可以适当为学生补充有关写作的内容，让学生进行写作练习，而在这一过程中可以利用新媒体的教学资源。写作和阅读本身就是不可以分开的，想要提升学生的文本阅读效率就不能够忽略写作的重要作用。阅读与写作相结合也能够让学生经历从输入知识到输出知识的过程。当他们在阅读一篇文章时可能会因为一句话或者是一个词而产生不同的感想，或者是联想到不同的内容，如果能够在阅读时就及时记录下自己当时的思考也是一种写作的训练，同时也能有效提升阅读的质量。

（四）采用多元化多样化的教育方式

回顾以往的汉语言文学教学经历可以发现，由于受到传统思想的束缚，教师的教学方式一般采用是传输——接收的“填鸭式”教学，这样的教学方式对调动学生学习兴趣以及凸显学生主体地位十分不利，甚至在一定程度上会限制汉语言文学的发展。在这样的情况下，我们必须优化教学方式，利用网络资源使用的多元化以及多样化的教学方式。例如，在学习某篇文章时，便可以利用网络资源进行合作化教学，将本节的主要问题传递给学生。当然，问题肯定不能停留在基础层面，教师应当将文章中的一些疑问之处找出来，然后将其传递给学生，让他们分成若干小组，利用网络对这些问题进行探讨，找出文章的中心点。利用这种教学方式培养学生合作探究精神，让学生脱离传统的教学课堂，激发学生对汉语言文学的学习兴趣。

（五）利用新媒体举办相关的活动

为了有效激发学生的汉语言文学学习兴趣，增强学生的情感体验，可以利用新媒体举办相关活动来帮助学生进行汉语言文学的学习。具体而言，教师可以利用新媒体社交工具来组织学生参与到活动之中。首先，可以从校外邀请一些著名的文学家或者是汉语言文学专业的大学教授，来和学生面对面交流。实际上有许多专门研究汉语言文学的教授和学者，他们丰富的汉语言文学知识能够为学生开阔眼界。如果能够有机会让这些专业的人士为高校学生开设讲座，那么就可以让学生更加意识到学习汉语言文学的乐趣。教授和学者的讲座能够让学生了解到那些富有学识、热爱阅读的人的独特魅力，让学生能够更加注重对自己内在的培养。学生还没有养成正确的人生观和价值观，因此，教师应当引导学生建立起正确的价值观，注重对知识的学习，为其今后的学习打下坚实的基础。除了利用新媒体组织学生参加以大学专家或者学者讲解为主的讲座外，还可以举办相关的作家展，利用新媒体工具进行线上宣传，鼓励学生参与其中。具体而言，中国的文学博大精深，不管是古代还是近代，中国都有许多富有才华的文学家。为了能够让学生对汉语言文学产生兴趣，可以让其通过了解不同的文学家来提升对汉语言文学的兴趣。每周或者每两周，教师都可以选择一个固定的时间来介绍一位作家的生平和作品。在这一过程中，不仅需要教师进行组织，还需要学生切实参与到这一活动中来。对于学生而言，对汉语言文学的兴趣往往都开始于对某个文学人物的着迷，因此，利用文学家来帮助学生深入学习汉语言文学的内容具有重要的意义。从某种程度上看，这种以文学家为主的活动也能够有效帮助学生理解相关的文本，在了解了一位作家的生平之后，阅读他的作品时就会产生更加深刻的认知，对提升阅读水平有重要作用。

汉语言文学专业教学要认清现状，并结合现状利用新媒体对自身进行优化，使用网络资源丰富教学内容，创新教学方式，采用多元化、多样化的教育方式，利用新媒体举办汉语言文学相关活动等。这些形式能够有效推动汉语言文学教学的进步。

第三节 高校汉语言文学专业教学方法

为了提高我国汉语言文学教学效率，加强学生对汉语言文学教学的认识，培养学生汉语言文学的应用能力，本节分析了高校汉语言文学专业教学现状和高校汉语言文学专业教学方法改革的重要性，并对高校汉语言文学专业教学方法的改革进行深入研究，为提高高校汉语言文学教学质量提供重要依据。

一、高校汉语言文学专业教学现状

首先，我国高校汉语言文学教学模式还是以传统的教学模式为主，在教学中以教师和教学大纲为中心，教学方法也多以讲授知识为主，使学生在教学中处于被动状态，长此以往形成学生对教师过于依赖、对教材大纲一味顺从的现象。学生课外阅读量很少，写作与理解能力也受到限制，使该专业的学生专业基础得不到巩固，同时由于在教学中教师将教学重点单纯讲述给学生，使学生在教学中缺乏动脑和动手的机会，学生创造性思维的培养与创新能力的提高受到阻碍。因此在高校汉语言文学教学中，以教师为主体的教学方法在一定程度上影响汉语言文学专业的教学效果。

其次，在我国高校汉语言文学教学中，教师教学方法传统单一也是学生学习汉语言文学缺乏兴趣的重要因素之一。教师在教学中以讲授的方式开展汉语言文学教学，学生单纯地记笔记，对重点知识进行机械记忆与理解，不利于汉语言文学知识应用能力的提高，教师在教学时为了赶教学进度，忽略了汉语言文学的特点，汉语言文学作为语文教学的一种，不仅要求学生通过学习汉语言文学提高语言表达能力，还要通过学习汉语言文学提高写作能力与理解能力，而教师在教学中往往忽略了这一点，盲目地使用传统讲授的方式授课，学生在课堂中缺少对自身语言表达能力和写作能力的锻炼，不利于实际应用。

再次，我国高校汉语言文学教学中缺乏实践性教学，使汉语言文学教学内容脱离了实际，脱离了生活现实情境，进而阻碍了汉语言文学教学效率的提高。语言的学习与表达离不开具体的语言环境，而高校汉语言文学教学中教师将教学束缚在课堂中，并采用传统的教学方式进行教学，学生感受不到汉语言文学的语言色彩和文学艺术，使汉语言文学教学陷入困境。

最后，在汉语言文学教学中，由于学生的兴趣爱好不同，所以学生对汉语言文学形式的喜好也不同，有些学生喜欢文学作品欣赏，有些学生喜欢文史知识。如果教学内容涉及学生喜欢的内容，学生就兴致盎然地学习；如果教学内容涉及学生不喜欢的内容，学生就消极地被动接受。倘若教师没有正确地引导学生认识汉语言文学，那么教学质量将得不到提高。

二、高校汉语言文学专业教学方法改革的重要性

首先，高校汉语言文学专业教学方法的改革，使我国汉语言文学在高校的发扬与继承中得到了进一步推广。传统的汉语言文学教学方法以教师和教学大纲为中心，使学生失去了课堂主体地位，而改进教学方法后，可以使学生成为教学的主体，而教师仅作为教学课堂的辅助者。学生发挥了自身的主体意识，积极主动地参与到教学中，对提高汉语言文学教学效率具有十分重要的意义。

其二，高校汉语言文学教学方法改革，突破了以往传统教学的局限性，教学以培养学生的实际应用能力为主。学生在实践中学习，通过结合生活实践，学生掌握了汉语言文学的表达技巧，提高了学生的语言表达能力和写作能力，学生在实践中得到锻炼，对培养学生分析和解决问题的能力也很重要。

其三，在高校汉语言文学教学方法改革后，学生们将在教师的指导下对教学内容进行研讨、分析。这不仅提高了学生探究问题的能力，还丰富了学生对汉语言文学知识的认识，对提高学生的文化底蕴和文学素养具有重要作用。

最后，目前，高校汉语言文学专业开设的课程主要有现代汉语、古代汉语、语言学概论、中国古代文学、中国现代文学、外国文学、中国当代文学、美学概论、影视概论等课程，这些丰富的汉语言文学课程极大地丰富了学生的文学知识，不仅能够提高学生的人文素养，而且还有较强的实用性。因此，通过教学方法的改革可以使学生对汉语言文学产生浓厚的兴趣，对我国培养高素质综合型人才具有重要意义。

三、高校汉语言文学专业教学方法的改革研究

（一）以研讨式教学法培养学生的创新能力

研讨式教学法是一种比较常见的高校汉语言文学专业教学方法，目前已经广泛地应用于高校汉语言文学课堂教学中。研讨式教学法有效地提高了学生学习互动能力，能够充分拓展学生的视野，增强学生的学习积极性，锻炼学生的语言思维能力，进而达成汉语言文学高效教学的目的。在高校汉语言文学教学过程中有效地应用研讨式教学法应当从以下几个方面入手：首先，教师在设立研讨问题时应当抓住文章的主旨，并以此为突破口引导学生对文章进行深度研讨；其次，教师在引导学生进行课堂探讨时不应局限于教学范围，应当从作者的时代背景与人生经历出发，结合作者的相关作品，将教学研讨提升到较高层面的语言文学中；最后，在研讨教学过程中，教师应当学会倾听，肯定学生的个人认知能力与思维能力，将自己定位成研讨的参与者，积极鼓励学生参与研讨，以此提高学生的汉语言研讨与思维能力。

（二）以课外实践教学法增强学生综合能力

汉语言文学教学具有较强的应用性，因此，应将汉语言文学教学与实践相结合，使学生在实践中学习，通过实践加强对汉语言文学教学内容的理解。只有将汉语言文学教学理论知识与实践相结合才能有效地培养学生的语言表达能力和写作能力，使学生在汉语言教学内容中学到的知识完全应用到现实生活中去。只有将汉语言文学教学应用到具体的实践中，才能使学生真正学会应用所学知识，达到学以致用的教学目的。

（三）以灵活的评价方式培养学生的学习兴趣

评价是教学课程的关键环节，科学、灵活的评价方式是促使评价发挥其最佳效果的关键因素，因此在汉语言文学教学方法改革中，要注重采用科学、灵活的评价方式对教学进行评价。在汉语言文学教学中，教师的评价时间往往花费在对课后作业和考试成绩的评价中，将考试成绩作为最终的评价标准，这种教学评价具有一定的局限性，它束缚了学生的思维能力和创新能力，因此汉语言文学教学方法的改革对不同教学内容需要采用不同的评价标准。如对一些鉴赏性的文章，要将课堂中学生对文章鉴赏的程度和对文章的把握程度作为评价的标准；对一些提高写作水平的文章，教师应将学生是否对教学重点做了笔记、是否养成了良好的自学习惯等作为评价标准；针对一些开放性较强的文章教学，教师应当将学生的理解深度以

及思维是否具有创新性作为评价标准。只有采用科学、灵活、公平的评价方法对教学效果以及学生的学习效果进行评价，才能培养学生的学习兴趣。

近年来，汉语言文学专业为我国培养了大量的专业人才，将我国的汉语言文学知识不断发扬光大。同时，还有很多的汉语言文学人才被输送到其他国家教授汉语言文学知识，将我国的汉语言文学知识推向国际，使更多的外国人学习和认识中国的汉语言文学，对提高我国的国际竞争力具有重要作用。在高校汉语言文学教学中，只有使学生积极主动地学习汉语言文学，才能使学生真正地了解与体会汉语言文学的意义和文学价值。

第四节　汉语言文学教学方式的革新

社会快速发展，汉语言文学教学需要与时俱进，教学方式也需要革新。应积极优化汉语言文学教学理念，拓宽教学思路，运用现代多媒体技术创新教学方法，激发学生对汉语言文学的学习兴趣，并注重实践，在学习汉语言文学过程中开展良性互动，强化学生对汉语言文学的认知，推进汉语言文学教学活动的高效开展，以便更好地满足社会发展的需求。

一、当前汉语言文学教学方式存在的问题

（一）教学方式单一，教学方法落后

当前，汉语言文学的教学方式单一，这是影响汉语言文学教学质量的重要原因。汉语言文学教学方式应当是丰富的，只有满足这一条件才能够有效激发学生的学习兴趣，赋予汉语言文学教学以生命力，激发学生对汉语言文学的学习兴趣，提高汉语言文学教学成效。汉语言文学是中华文化的瑰宝，具有悠久的历史，而在单一的教学方式下，仅仅依靠让学生死记硬背来开展汉语言文学教学活动，势必会影响汉语言文学教学的整体效果。因此，在汉语言文学教学过程中，单一的教学方式是影响教学成效的首要问题。

在现代社会中，汉语言文学教学方式只有通过不断创新，才能够更好地适应现代教育环境下汉语言文学的教学需求。当前，汉语言文学教学方法落后，学生参与汉语言文学活动的积极性不高，这不利于学生创新思维的培养以及学生探究能力的形成。在汉语言文学教学过程中，很多教师仍沿用过去的教学模式，让学生通过死记硬背的方式来掌握汉语言文学知识，

这是当前汉语言文学教学中比较普遍的现象。但实际上，这种教学方式极易令学生产生厌倦心理，甚至对汉语言文学的发展造成阻碍，不利于汉语言文学的传承，因此，汉语言文学教学方法亟待改善和创新。

（二）实践环节缺失，学生认知不足

任何一项教学活动的开展，都需要理论与实践的协调配合，没有了实践，理论将是空洞的。在汉语言文学教学过程中，实践是一个重要环节，关系着学生语言表达能力的强化以及汉语言文学水平的提高。但就当前汉语言文学教学的整体情况来看，普遍存在实践环节缺失的情况，导致学生汉语言文学理论知识向实践技能的转化缺乏可靠的平台，不利于学生更好地吸收和内化汉语言文学知识，甚至在一定程度上制约着学生语言表达能力的增强以及文学修养的提高。在汉语言文学教学过程中，部分教师单纯重视理论知识而忽视了实践教学的重要性，不仅导致汉语言文学理论与实践无法实现紧密协调，还制约着学生应用能力的提升，导致教学效果不理想，无法满足现代教育环境下双向型人才培养的整体要求。

汉语言文学是高等教育中的一门重要课程，关系着学生文化修养的提升，对学生的人生发展具有重要意义。但就当前汉语言文学教学的整体情况来看，部分学生对专业的认知不足，参与汉语言文学活动的积极性不高。有的学生在学习汉语言文学时态度不端正，这就导致汉语言文学教学成效并不理想。

二、汉语言文学教学方式的革新策略

（一）营造良好氛围，强化学生认知

在汉语言文学教学过程中，为促进教学方式的创新优化，教师应科学运用多种手段营造良好的汉语言文学教学氛围，强化学生对汉语言文学的认知，激发学生对汉语言文学的学习热情，从而改善汉语言文学教学成效。在实际教学过程中，教师可创设优良的汉语言文学教学情境，采取角色扮演等教学方式，带领学生开展模拟训练，充分发挥学生的主体作用，深化学生对汉语言文学作品内涵的感知，激发学生的情感体验。在此种教学方式下，学生参与汉语言文学活动的积极性更高。在这一教学过程中，教师应积极整合汉语言文学资源，创设角色扮演情境，营造生动、和谐的氛围，调动学生积极性，使学生参与到汉语言文学学习的活动中，建立和谐的师生关系，并且在潜移默化中提高学生的汉语言文学水平。

（二）创新教学方法，激发学生兴趣

汉语言文学教学的教学方法多种多样，如文学常识类的问题，学生主要靠识记来掌握。而文学作品的批评等主观思想的问题，则要求教师激发学生的个性化思维，学生可以各抒己见，从不同角度得出自己的结论。在现代教育环境下，汉语言文学为全面提高汉语言文学教学质量，应积极创新教学方式，突破传统汉语言文学教学的局限性，通过使用多媒体，可以丰富汉语言文学教学内容，利用图像、声音及文字的协调，吸引学生的注意力，激发学生的学习兴趣，改善汉语言文学教学质量。为促进汉语言文学教学方式的创新，必须要充分尊重学生的主体地位，结合汉语言文学教学需求及学生文学水平，运用互联网资源搜集汉语言文学教学相关资料，确保其能够为汉语言文学教学服务。在汉语言文学教学过程中，应积极创新教学方法，令学生感知汉语言文学的魅力，通过汉语言文学知识的主动探究，来锻炼学生的语言组织能力与自我表达能力，从而促进高效教学的顺利实现。

（三）加强实践环节，开展良性互动

在汉语言文学教学过程中，为促进教学方式的有效创新，应针对当前汉语言文学教学方式存在的问题开展客观分析，积极加强实践环节，引导学生开展良性互动，巩固学生所学汉语言文学知识，并强化其实践应用能力，从而改善汉语言文学教学成效。在汉语言文学教学过程中，教师应积极更新教学理念，高度重视汉语言文学教学的重要性，为汉语言文学活动的开展创造优良条件，鼓励学生参与到汉语言文学活动中。通过汉语言文学活动的开展，激发学生的创造性思维，为师生之间和学生之间良性互动创造空间。在汉语言文学教学过程中，促进理论与实践的紧密结合，在潜移默化中锻炼学生思维能力，激发学生的创造力，提高学生的汉语言文学水平，为学生的全面发展奠定基础。在教学过程中，教师可运用现代多媒体方式营造良好的课堂教学氛围，激发学生参与教学活动的积极性，促进教学方式创新优化。

汉语言文学教学实践性在于听、说、读、写能力的养成，要达到“能读会写”的目标应多阅读经典，多写文章。读的目的在于充实、丰富人的精神生活，提升人的精神境界，写的目的在于创造、创新。正因为如此，在教学中，教师要让学生参与到学习活动中来，在学习中领悟精神，并注意引导学生不断总结，形成良好的汉语言文学素养。在教学中，教师应鼓励学

生进行模仿性写作，并且应该鼓励学生在多读的基础上进行创作。教师还应鼓励学生多写读书札记，让学生养成“不动笔墨不读书”的良好习惯。

汉语言文学教学方式的创新，应积极优化汉语言文学教学理念，拓宽教学思路，运用现代多媒体技术创新教学方法，激发学生对汉语言文学的学习兴趣，使学生在掌握理论知识的同时注重实践。

第十章　汉语言文学教学的实践应用

第一节　信息技术在汉语言文学教学中的应用

信息技术的应用能够有效提高教学效率，并能够帮助学生提高学习兴趣。在汉语言文学教学方面，信息技术的应用还比较少。因此，教师应不断提高自身能力，合理应用信息化技术，辅助性提高汉语言文学的教学质量和效率。信息技术在汉语言文学教学中的应用能够有效提高教学效率，帮助学生提高学习兴趣和能力。本节分析了当前信息技术在汉语言文学教学中存在的问题，并提出了信息技术在汉语言文学教学中的应用，最后探究了信息技术的具体应用方法。

一、信息技术在汉语言文学教学中存在的问题

（一）教学设备不足

信息技术的采用离不开相关技术与设备的支持。然而，当前很多学校在设备的投入方面做得还不够，导致教师难以真正实现汉语言文学的信息化教学。信息技术往往包括多种技术，如计算机技术、网络技术、多媒体技术等，这些技术对教学的硬件以及软件都有一定的要求。当前很多学校的招生规模越来越大，其在信息技术方面的投入已经无法满足学生的需求。此外，由于信息技术的发展十分迅猛，各类技术都在不断地更新迭代，如果不在信息技术上及时更新，则很可能导致技术之间无法兼容，进而造成数据传输问题和信息技术的使用问题等。因此，教学设备匮乏，信息技术投入不足、更新较慢，会导致汉语言文学难以实现信息化教学。

（二）教师教学能力不足

为了将信息技术应用于汉语言文学教学中，要求教师必须具备相应的

能力，将信息技术真正融入汉语言文学教学过程中。目前，仍有一部分教师停留于传统的板书以及灌输式的教学方式上。一方面，他们不愿意改变传统的教学模式和教学思维；另一方面，他们的信息技术能力不足。因此，他们难以充分合理地对信息技术进行应用。教师的教学能力主要体现在他们对信息技术的应用能力、课堂教学互动能力以及课后的反馈激励能力等多个方面。这些能力的培养和积累，需要教师在平时不断提高自身教学能力，学习新的信息化技术、正确认知信息化教学的优点及要求，从而更好地提高汉语言文学的教学效率。

（三）缺乏信息化教学机制

信息化技术在汉语言文学教学中的应用还处于起步阶段，需要通过教学机制来保障应用的顺利进行。然而当前很多学校在信息化技术应用方面还没有形成一个完整的体系，教学机制的缺乏将阻碍信息技术的应用效率和效果。教学机制的应用主要包括信息技术的应用目标，应用效果的考核等方面。很多学校对信息技术在汉语言文学教学中的目标并不明确，只是盲目推行信息技术。同时，对于目标的设定方面过于宏观，导致难以真正指导信息技术的应用。此外，作为对教学应用效果的评价，信息技术的应用考核能够有效对技术应用存在的问题进行总结和分析。然而，当前很多学校都缺乏针对信息技术应用效果的考核标准。受传统观念的影响，很多学校的都过于注重学生对书本知识掌握情况的考核，忽视了课堂教学过程中对学生的参与度以及积极性的考核，导致考核机制难以与当前信息化技术背景下的教学模式相适应。

二、信息化技术在汉语言文学教学中的应用

（一）提高学习能力

汉语言文学的学习包括了很多方面，如词汇、语法、修辞等。语音、文字部分包括培养学生读准字音、认清字形、掌握汉字基本意义的能力，语法和修辞等则主要是指在汉语言文学中的常用语法规则以及各类修辞的手段和方法等。传统的汉语言文学教学方法往往采用简单的板书，或者上课跟读等方式来进行。这样的方式不仅效率低，形式还过于枯燥，不利于学生的学习。而通过信息技术的应用则能够借助自身优势，通过多媒体等教学设备，对汉语言文学中的各类文字进行辨析，通过形象生动的多媒体展示，帮助学生更好地辨析不同文字和词语间的区别，明确不同字词的读音

以及含义。学生可以通过这些软件观看生字的笔画、笔顺、部首、间架结构、正确读音和汉字编码，同时跟随教学软件进行听、说、读、写等全方位的训练。信息技术的辅助可以更好地实现学生与教师之间的互动，明确汉语言文学中的各类语法修辞，并通过文章的阅读和写作实践，在课后更好地巩固汉语言文学知识。

（二）提高阅读能力

当代汉语言文学的教学需要更注重学生自主学习能力的培养，尤其是对文学作品的阅读能力的培养。通过信息技术，能够更好地辅助学生进行相关汉语言文学作品的阅读，通过网络技术更好地对作品进行检索和下载，在网上查阅相关的阅读材料，辅助学生更好地了解文学作品的基本背景和作者的基本情况，从而在阅读时能够更好地了解文章的主旨。通过信息技术，学生能够快速下载并阅读文学作品，并及时将自己的阅读感想与其他读者进行实时交流与共享，从而更好地帮助学生提高他们阅读文学作品的能力。

（三）提高写作能力

随着信息技术的不断发展，学生的写作方式以及写作要求也面临着巨大转变。多媒体技术、网络技术以及计算机技术的应用，使得学生的文学写作逐渐从原来书面化的方式转为电子化的书写方式。通过计算机技术的支持，文学写作的效率将大大提高。此外，多媒体技术的发展使写作不仅仅局限于传统的文字，其逐渐朝着图文并茂的方向发展，有时还会插入相关的视频和音频。这样的写作方式使得学生的文学创作更加多样化，也能够更加代表他们个人的风格和特点，同时，也能够更好地激发他们的写作兴趣。通过网络技术的支持，学生能够更快地将自己的文学作品与其他人分享，也能够直接得到读者的反馈。信息化背景下的汉语言文学写作形式将会更加多样化，面对的读者群体也会更加丰富多元，与读者之间的交流活动也会更频繁。信息技术的支持能够提高学生的写作能力，帮助他们更新写作方法，丰富写作内容，从而更好地获得读者的反馈。

三、信息技术在汉语言文学教学中的应用方法

信息技术的应用离不开学校的资金支持。为了加快信息技术在汉语言文学教学中的应用，学校应该在计算机、网络化以及多媒体技术方面加大投入，并定期对其进行维护。同时，还应加强对教师的培训工作，让他们更好地学习、掌握相关的信息技术，并鼓励教师将信息技术积极应用于汉

语言文学的课堂教学中。在每学期的工作考核中，也应该加入对教师信息技术应用效果的考核，一方面对教师形成激励，另一方面也让教师在评价结果的基础上进行改进。为了让学生更好地应用信息技术，教师必须不断培养他们对技术应用的兴趣，将教学模式从传统的灌输式方式转为互动式、启发式的教学。在教学过程中通过多媒体技术，利用图片、文字、视频等方式不断调动学生的学习兴趣，营造轻松活跃的课堂氛围。在课堂之外教师也可以通过网络技术多与学生进行互动交流，多进行课外文学作品的阅读与交流，帮助学生更好地将所学的知识应用到文学作品的阅读以及创作中，通过教师的辅助，提高学生的学习积极性和主动性。

信息技术的应用能够有效提高汉语言文学的教学质量，且能够不断提高学生的自主学习能力。各高校应加大对信息技术方面的投入，加强对教师的培训，帮助他们更好地应用信息技术。此外，教师也应该不断提高自身素养，采用互动式的课堂教学模式，在信息技术的支持下，更好地与学生进行互动，提高学生学习的积极性和自主性。

第二节　微课在汉语言文学教学中的应用

当前，随着现代应用技术的发展，微课成了一种新型教育教学模式。微课是在科技时代发展潮流下应运而生的一种教学方式，它的运用效果正符合新课标及教学实践的要求，在未来的教育领域有非常广阔的运用前景。本节将从微课的概念、运用优势以及在实际运用中遇到的问题如何解决等方面展开研究。

微课是一种以录制视频为载体，传授教学内容的教学模式，其核心内容是课堂教学视频，主要包括教学设计、素材整理、教师总结、学习反馈等。微课除了可以作为学生学习的资源，也可以作为教师教学训练和反思总结的资源。微课是学生自主学习的优良载体，更是对传统课堂教学的一种补充和拓展。因此，在汉语言文学教学中，微课可以让教师逐渐明确自己的教学质量定位，并进行课后反思，然后慢慢将教学方式加以改进，从而使课堂更加高效，更好地实现教学目标。

一、微课的概念

微课，即微型课程，一般指在10分钟之内的视频课程。它是按照新课程标准而产生的一种新型教学模式。这种教学模式的主要特点是以视频简短、内容片断化为主。因为微课的主体很明显是以学生为中心，所以需要学生自主选择微课视频进行观看和学习。微课并非单向的灌输和传授，而是可以培养学生的思维能力。简短的视频时长也是微课能在学生中被选择率较高的主要原因。将内容浓缩在一个仅为几分钟的课时内，不仅知识点讲得精练，而且可以让学生提高学习兴趣。所以，在新课标要求下设计的微课，实际上也反向提高了学生的自我学习能力。

二、运用优势

（一）迎合该阶段学生学习情况

从大学学科的专业性来看，微课的特点能在教学过程中起到非常大的作用。对刚进入大学的学生来说，专业性强的课程，很可能是他们刚开始步入专业学习的障碍。而微课能够把教师在课堂上所要突出的重点、难点和疑点进行记录，并注重反映课堂的某一个教学环节，学生在利用其学习时，能够自己抓住这些重点，从而更好、更快地跟上教师的教学进度。

（二）微课自身的优势

微课利用人在最开始10分钟内注意力最为集中的这一特点，将每节课主要内容的讲解控制在10分钟之内，以此达到提高学习效率的目的。将知识点细分，可以通过各类形式进行讲解。以动画形式设计微课的方式更能激发学生的学习兴趣，也能时刻吸引学生的注意力。

汉语言文学作为一门人文学科，有时内容比较抽象，如一些意境的描写全都依靠学生自己的想象力来体会。学生要想准确地掌握、理解作者当时创作的情感和思想并不是很容易，这要求学生理解能力强、想象力丰富。因此，教师如何在短时间内向学生展示汉语言文学的魅力以及自己所要表达的内容是汉语言文学专业教学的难点，这也是广大师生面临的需要解决的问题。微课可以很好地解决这一难题，它可以把抽象的问题利用视频、画面展现出来，使学生理解起来变得容易，有利于学生从感官角度去理解所学内容，从而提高学生的学习效率。

（三）符合专业要求

本科阶段的汉语言文学专业在一定程度上偏向于对职业教师的培养。尤其是在一些师范类的汉语言文学专业中，学校重视培养语文教师。而微课本身作为一种新型模式，如果汉语言文学专业教师在课堂上利用微课展示给学生，同样能够作为一种教学资源。学生既可以以微课中的教学内容为学习资源，也可以用微课这种模式对有关教学方面的内容进行研究。除此之外，学生在实习或是在参加教师资格证面试考试的时候，可以将微课作为自我学习进步和锻炼教师专业素养的途径。

微课教学在汉语言文学专业中的应用应注重培养学生学习汉语言的兴趣和积极性，为学生以后的自主学习提供良好的基础。同时，教师在微课教学中要注重创新，注重培养学生的文学素养，突出学生这一主体，运用自己的丰富教学经验来引导学生对文学的感知能力，利用现有的多媒体以及发达的网络营造出轻松愉悦的教学氛围。教师做的这些都有利于引导学生对该专业的热爱和学习。同时，微课还可以拓展学生乃至教师专业课以外的知识内容，帮助学生拓展自己的知识面，符合现代社会发展要求，符合现代教学目标，符合汉语言专业教学的特征。因此，微课教学对完成汉语言文学专业教学任务有积极意义。

三、优化微课应用

微课是教与学全过程的体现，在教师制作和学生选择学习方面还需要重视一些问题。

（一）教师制作微课

这里的教师制作微课，是指该教师倘若想设计一个微课课程所应该选择的方式。因为微课的类型多样，所以授课方可能不止一个人。例如，当微课是以动画的形式讲解知识点的内容时，它的设计方就是一个教研团队。虽然微课已经有了时间短、能够抓住学生注意力等优势，但在制作微课时，仍要求保证微课的质量。现在许多教师制作的微课质量还有待提升，究其原因则是由于他们没有从传统的课堂里面解放出来。因此，教师需要进行更进一步的探讨研究，不仅是在知识方面，还应在学生学习状况方面多加了解。只有抓住授课主体，才能真正地将微课制作好，使其更加有质量。另外，要注意不要过于利益化，逼迫学生进行视频学习，因为这样往往会导致学生完成任务式地进行刷课，从而失去了制作微课的真正意义。

（二）学生选择微课

由于微课在一定程度上是需要学生进行自我选择的，所以他们不仅需要选择各类、各阶层的教师，还需要辨别该课程的优劣性，即要选择好的教师和好的课程，这样才能将微课所能带来的价值体现出来。因此，在学生选择微课时，教师应该给予学生正确的指引，防止学生选择的方向有误，而耽误了学生良好的学习时期。除此之外，学生应该在这方面具备一定的识别能力，在多数的课程当中，选择最优质的课程进行学习。此时学校应该提供一个资源共享的平台，既帮学生选好课程，及时更新微课的教学资源，广泛采用由多所学校、多名优秀教师制作的微课，也可以增加一些提建议或者意见的渠道，让学生逐渐学会如何挑选好的微课。

四、实施微课的意义

（一）提高学生学习的主动性和自主性

教师制作微课视频的过程，也是一个自主学习的过程。首先需要有视频设计、构思等，这些能促进学生自我学习。同时，微课视频能满足学生对不同学习内容、知识点的个性化学习要求，既有共性又有个性。每个学生在学习期间可以按自己所需有选择性地学习，在学习的时候既可以查缺补漏，又能强化巩固已学知识点。

另外，微课作为一种新型的教学模式，是学生课堂学习之外的一种延伸，以一种全新的方式激发了学生的学习热情。微课教学打破了以往传统教师站在讲台上的授课方式，而使教师真正成为身边的导师、领路人。

（二）提高教师专业化教学水平

汉语言文学相对来说有一定的高度和深度，在实际的教学过程中，要求教师注重教学方式方法。教师在教学中可以从文学内容的选取和设计上考虑如何优化微课课程。教师可以从文学作品的写作背景、时代背景着手，再根据文学作品主题、主线、主要内容依次展开。最终，达到课件内容丰富有趣、通俗易懂，降低学生的学习难度，更大程度地激发学生的学习兴趣。

教师制作微课视频时，一般会选取设计课题、课件主题等，这就要求教师明确自己的教学目标以及教学内容，或有针对性的某个重点、难点等，使整个教学过程更加灵活有趣，这对教师也是一次学习和提高的过程，可以加深对该知识点的进一步理解。

另外，微课制作可以开阔教师的视野。要想制作优良的视频，教师必须掌握足够的知识点，必须翻阅大量的资料，所以说这是一个拓展教师知识面的过程，同时这也是对教师专业化水平提升的过程。

还有，微课的制作需要掌握现代化的技术，如计算机操作和应用技术，录制视频以及各种软件的运用等。这就要求教师与时俱进，努力学习新知识、新技能，随着社会的发展完善自己的知识体系。所以，对教师来说，知识面拓宽了，应用技术掌握得更全面了，才能够更加自如地在教学中展现出自己的水平。

通过微课教学，教师在教学中丰富了自己的教学经验，提升了自己的研究能力和专业化教学水平，促进了教师的自身成长，这是一个良性循环、循序渐进的过程。

（三）方便、易保存

相对于纸质资料，微课视频资料占地小、易保存。优秀的、有保存价值的视频资料可以永久保存，随时供人们查阅和修正。学生或者教师只要将微课视频资料下载到手机或电脑上，就可以随时随地进行反复学习。对缺乏名师指导或者交流不便、信息落后的学生来说，微课不仅是一个优质的资源，更是一种好的学习方法，对开展教育教学研究大有益处。

（四）符合时代发展要求

在汉语言文学专业实施微课教学，符合当今时代发展潮流，也是当今社会新型应用技术下应运而生的产物。网络的发展为微课在教学中的运用奠定了技术基础和支持，让微课的传播和使用更加方便和广泛，是对传统教学模式不足的有力补充和改革。微课为广大学生学习降低了门槛，有利于推进教育教学的发展。

微课也在不断的发展当中，教师和学生都是推动它的力量，它不仅在玩转课堂，也在创新课堂，能让教学质量得到进一步的提升。教师用心制作微课，那么微课的应用价值也将在教学质量上明显体现出来：将微课应用于汉语言文学教学当中，也将是提升该专业教学质量的良好策略。

第三节　慕课在汉语言文学专业教学中的应用

现代信息技术以及网络技术的迅速发展和广泛应用促进了社会各方面的发展，就其对现代教育的影响，无论是从教学理念、教学内容还是教学方式上，都发生了翻天覆地的变化。慕课作为在线教育中最热门的教育模式，以其大规模和开放性的特点满足了人们自身发展的个性化需求。随着慕课的影响范围越来越广泛，众多的教育学家开始重视对慕课教学的研究。基于这样的现实背景，本节以慕课对汉语言文学专业教学的影响为课题，首先论述了慕课的主要特点，在此基础上全面分析了慕课对汉语言文学教学的影响，最后给出了慕课模式下的汉语言文学教学研究的策略分析。

大规模开放性的在线教育给传统汉语言文学专业教学带来了很大的影响，慕课作为一种线上教学模式，既颠覆了传统的大学教学模式，又在一定意义上促进了汉语言文学专业教学的现代教育转型发展。从国内外研究的现状来看，国内外学者对于慕课对高等教育影响的研究很丰富，但是单就慕课对汉语言文学专业教学影响的研究总体上来说还较少。慕课作为新型的学习方式，肯定会影响到传统汉语言文学教学活动。那么，具体的影响是什么，传统汉语言文学专业的教学工作应该怎样应对，如何进行传统汉语言文学专业教学的现代教学改革等问题是本节论述的主要内容。

一、慕课的主要特点及其与传统网络教学的区别

论述慕课的主要特点，目的是突出慕课的新型教育模式，这些特点也是慕课“井喷式”发展的最主要原因。对慕课主要特点的分析能够让我们更加清楚地认识到慕课为传统汉语言文学教育带来的挑战以及它的现实应用价值，从而更加主动地去探索传统汉语言文学的教学改革。

（一）慕课的主要特点

第一，高度的互动性。交互式教学是慕课与传统网络课程最主要的区别之一，整个教学过程融入了师生互动、生生互动，使得教学更具有针对性。第二，学习的便捷性。学习的便捷性主要体现在慕课网络平台的平台特性，能够不受时间和空间的限制，随时随地进行教学和学习，同时，便捷性还体现在学习理念的变化，学习者成为整个教学活动的主体，教师只发挥引导与辅导的作用。第三，受众的广泛性。慕课网络平台的开放性和规模化的特点能够迎合广大网络用户生活和学习的个性化发展需求，没有人数的限制，同样也没有条件的限制。第四，慕课的免费性。开放教育资源，实现终身教育是慕课的目标和宗旨。通过各个大学联合开设的网络学习平台，面向所有人免费提供优质的教育课程。

（二）慕课对汉语言文学专业教学的影响

1. 慕课与传统教学模式的关系探讨

慕课与传统教学作为教育的两种教学模式，性质是一样的，都是实现学

习者的个体成长，但是性能不一样，这就好比网络之于电视，汽车之于自行车。电视行业通过把网络技术应用到电视设备中去为电视行业的发展带来了新的活力，汽车的电气性能通过应用到自行车行业产生了摩托车、电动车等衍生产品，同样也实现了自身的发展。慕课对传统教学模式的影响既具有颠覆性，同时也为传统教学模式的发展带来了新的动力。因此，慕课与传统教学的关系本身是一种竞争融合的关系，并且融合大于竞争本身。而且，慕课的发展离不开拥有完善教学体系的传统教学的支持，其产生以及发展的历程都能够证实这一点。

根据慕课与传统教学模式关系的阐述，就慕课对汉语言文学的影响而言，主要包括两个方面。一方面，是对传统教学的颠覆，主要表现为以下几点：首先是对传统教学固定场所的颠覆，慕课突破了时间和空间的限制，把高校汉语言文学的教学资源通过网络学习平台呈现给所有人；其次是对传统教学模式的颠覆，学习者通过自己的需要选择课程，而不是统一制订学习内容，进行统一的教学，学习者成为教学的主体，拥有选择学习内容的权利；最后，慕课教学模式能够实现个性化发展需要，使得教育因材施教得到更充分的发挥，改变了传统汉语言文学专业教师资源缺乏而不能够充分重视个体发展需要的现状。另一方面，慕课这种学习方式更能够提高学生的学习能动性和学习效率，这也是目前我国汉语言文学专业教学课程内容设置所不能比拟的。当然，慕课相比传统汉语言教学模式也有很多的缺陷需要进行完善和改进。因此，新旧教学模式的相互借鉴才能够更好地实现当前我国汉语言文学的发展。

2. 慕课对汉语言文学教学的启示

慕课通过对全世界教育资源进行整合，把优质的教育资源通过开放式网络学习平台免费提供给社会所有人，既推动了教育资源的优化配置，也促进了全球知识共享的发展。对我国汉语言文学教育来说，要结合我国教育资源建设的实际情况，迎合教育发展的趋势，在高等教育改革纲要的指导下，深化我国汉语言文学教学的教学模式改革，特别是在网络平台开放式的汉语言文学教育资源的利用方面其带来的具体启示主要体现在以下几点：

第一，加强高校间汉语言文学教育等相关领域的合作。慕课的快速发展是教育发展的必然选择，是知识共享式教育发展的主题。各高校要牢牢把握住这个现代教育发展的趋势，深化汉语言文学专业教育领域的合作，通过高校间的优势互补，采用强强联合的方式打造优质的汉语言文学教育资源。同时，高校间还要加强汉语言教学经验的交流，尤其是网络在线教学的交流，并鼓励教师进行网络在线教学的积极探索，从形式到内容全方位的打造汉语言文学教育优质资源。

第二，推进教学理念的改革。改变过去传统的以教师为中心的教学理念，尊重学生的个性化学习选择，把以学生为主体的教学理念贯彻到课程选择、课堂教学、教学评估等各个教学环节中去。

第三，重视网络在线教育资源的利用。国家精品课程以及网络公开课等丰富的网络在线教育资源的开发与利用，把网络在线教育资源作为学生自我学习和教学课程开展的重要基地进行建设，探索开发我国汉语言文学专业慕课教学模式。

二、慕课模式下的汉语言文学教学

（一）教学课程设计理念

慕课教学课程以小专题为模块，通过配备讲义以及小视频的形式进行授课。在作业设置上主要集中在重点知识点的测试反馈，作业反馈方式把同伴互评与自动批改相结合，通过论坛、学习小组形式进行课堂讨论。专题短小精悍的特性能够让学习者快速抓住重点，通过视频的讲解和测试反馈提高学生对知识点的理解程度。频繁的交流互动能够让学习者紧跟课程节奏，提高学习者学习的热情和自我学习的主动能力。因此，在慕课教学过程中，教师要把知识点进行浓缩并使之专题化，通过小单元的方式进行慕课视频的讲解和作业的布置，并通过网络社交软件广泛进行学习上的师生互动、生生互动，这样才能保证学习的质量。

（二）利用大数据进行分析

分析是教学活动中非常重要的组成部分，它能够在促进学生学习反馈、深化教师教学研究等方面起到极为重要的作用。教师通过对汉语言文学专业学生的数据进行调查分析，总结汉语言文学专业学生的兴趣点在哪里，爱好集中在什么方面等。同时，针对学生能力状况以及整体学习状况的分析总结，在国家高等教育改革纲要的指导下，教师要重新进行汉语言文学教学内容的编排，将实际生活融入汉语言文学的教学内容中去，然后通过层次性的课程设置，对汉语言文学学生进行差别化教学。在这里，教师要注意对学生的学习效果进行必要的分析，通过大数据分析的结果，及时调整课程内容，只有这样才能够保证整个慕课汉语言文学教学的有效性。

（三）重视交互式教学方式的运用

在一定意义上，慕课模式无不体现交互和分享的学习特点，交互式教学方式能够通过师生之间、学生之间的学习交流，促进学生的学习热情以及加深对知识点的理解。同时，交互式教学本身就体现了对学生主体地位的肯定和对个性化选择的尊重。在汉语言文学教学的慕课活动中，教师可以通过整理风格各异的优质教学资源，通过课程的优化设计，多方位地引导学生自主选择教学资源内容，通过加强师生之间的互动辅导学生对难点、重点的学习，这样既有针对性，提高了课堂效率，又能够节省自己开发的时间与精力。引导、互动、交流以及共享，要作为汉语言文学教学慕课探索的重点来抓，只有这样才能够升华现代教育理念、丰富现代教学经验、实现现代教学探索。

慕课作为信息化时代的必然产物符合人们日益多样的生活需求，它的出现和快速发展必然会使传统汉语言文学专业教学模式面临挑战，而且这种挑战是具有颠覆性的。对此我们也需要换个角度来思考，慕课作为新型教育模式意味着它同样也是传统汉语言文学专业教学发展的机遇。在我国高等教育改革的大背景下，我们要保持清醒的头脑，理性分析慕课模式的优势，从长远发展角度，不断汲取慕课的先进教学成果，适时地把慕课模式引入汉语言文学专业，改变传统汉语言文学教学思路，通过优势互补，实现高校汉语言文学教学的巨大发展。

第四节　汉语言文学专业教学的应用性改造

汉语言文学专业具有极其深厚的历史文化底蕴，旨在为社会培养专门的汉语言学科人才。在以知识传承和创新为学术基础、回报社会现实为学科使命的终极目标下，要关注汉语言文学专业教学的“技术应用型”改革理念和设想，积极培育技术型与应用型的创新人才，突破原有的学科中心化思维模式，实现汉语言文学专业由“知识中心”向“能力中心”的转化。

学校的人才培养目标逐渐向“应用型人才”的培育方向定位。汉语言文学专业教学也要思考自己专业的特殊性，思考汉语言文学专业的应用性，把握汉语言文学专业的应用性内涵，分析当前汉语言文学专业教学应用性改造中的问题和不足，积极探索汉语言文学专业教学的应用性改造路径，为培育汉语言文学专业应用型人才提供新的研究视野。

一、汉语言文学专业教学的特点及其应用性

汉语言文学专业教学相较于工程、建筑、医学、会计等专业教学来说，其特定的职业定位并不清晰和突出，较难与应用型人才的概念相契合。因此，对汉语言文学专业教学的应用性改造的思考要顾及该专业的特殊性特点。汉语言文学专业是传统的人文学科，涵盖中外优秀的文化遗产，以人类生存意义和价值关怀为核心，体现出对社会的责任感和使命感，以培养学生的人文素养、广博的知识、较强的分析归纳能力为重心。因而，该专业的应用性并不体现于“技术”或“技能”等方面，而是着重于人的精神价值取向层面，对于汉语言专业教学的应用性改造要基于人文素养的前提之下进行思考，以学生的未来出路为基准和立足点，体现出该专业应用性改造的现实针对性。

对汉语言文学专业教学的应用性改造，我们可以从以下两个方面的因素来理解和认识：

（一）就业视角下的汉语言文学专业的应用性

在现代教育人才培育的过程中，学生的就业是必须直面的现实问题和重要因素，尤其是在文秘、新闻、广告、公共管理等新的专业衍生之后，汉语言文学专业教学面临极大的挑战和竞争压力，面对自身在职业定位之中的困惑，汉语言文学专业教学呈现出其他专业所没有的精神文化底蕴。因此，要结合汉语言文学的历史发展和就业现状，突破汉语言文学专业与职业性应用技能之间的界限，将新闻传播、文秘、社区文化管理、广告方案设计等与汉语言文学专业教学相链接和整合，使之成为汉语言文学专业教学的应用模块，较好地增强汉语言文学专业学生的动手实践能力和就业竞争能力。

（二）深造视角下的汉语言文学专业的应用性

汉语言文学专业的应用性不仅可以帮助学生就业，还可以较好地应用于学生的深造和学习。要充分认识到学生深造的知识能力也属于一种应用能力，要结合汉语言文学专业自身所具有的“厚积而薄发”的特点，培育高素质的应用型汉语言专业人才，使之具有一定的知识广度和深度，具有扎实的专业基础知识及较强的应用性知识。完善学生的知识体系，由扎实基础向增强后劲转变，由职业岗位技能和技术操作性要求的知识向完整系统的专业知识转变。同时，深造视角下的汉语言文学专业的高素质应用型人才还要具有一定的操作实践能力和创新能力，能够基于应用知识进行技

术创新、二次开发和科学研究。另外，还要关注高素质应用型汉语言专业人才的非专业素养，要强调和重视汉语言专业人才的责任心、道德感、心理素质、意志品质、身体条件等综合素养的培育。

汉语言文学专业教学要强调应用性，并重视素质培养，强调专业素养且重视职业技能培训，在人本原则和理念的前提下，帮助汉语言文学专业教学实现由“在学习中研究”向“在研究中学习”的思维转换，更好地提升汉语言文学专业人才培养的层次，能够投身于广阔的社会各个层次的领域之中参与竞争，体现出汉语言文学专业学生的价值。

二、汉语言文学专业教学应用性改造中存在的问题

（一）人才培养目标不够清晰

随着高等教育由“精英教育”向“大众化教育”转变的趋势，汉语言文学专业一度以来引以为豪的文化优越感正在逐渐丧失。在社会人才需求不断转换的背景下，汉语言文学专业教学的人才培育目标缺乏方向感，没有准确地寻找到自身的人才培育定位，难以与社会的实际需求相契合。

（二）专业课程设置欠缺合理性

汉语言文学专业教学的课程设置欠缺科学合理性，课程内容过于繁复杂乱，并显示出较为浓烈的专业色彩和理论色彩，没有注入时代的精神和内容，限制了学生的视野和思路，不利于学生未来就业方向的选择。同时，汉语言文学专业教学中的必修课和选修课之间存在比例失调的现象和问题，导致学生综合素养及能力下降。

（三）应用教学实践存在缺失

汉语言文学专业教学在传统的教育理念的束缚之下，存在重知识传授轻能力培养的意识和观念，学生处于相对被动的学习状态，缺乏师生之间良好的互动，并且在汉语言文学专业教学的过程中，缺乏切合实际的教学实践活动设计，难以使学生的理论知识转化为实践能力，不利于调动学生的积极性和兴趣。

三、汉语言文学专业教学的应用性改造路径

（一）明晰汉语言文学专业教学的人才培养目标定位

在原有的汉语言文学专业教学之中，没有从市场需求的导向出发，而是从学科专业的导向进行人才培育，只关注“学科专业培养什么样的人才”，

而较少考虑“职业岗位需要什么样的人才”。而事实上，汉语言文学专业教学与其相对应的社会职业都需要极强的专业应用能力，如文秘职业、行政职业、传媒职业、编辑职业等。为此，将人才培养目标定位于“学科性”与“职业性”的结合，紧扣学校办学定位和社会职业岗位需求，不仅要具有基础性文科的特色，注重学生学科知识体系的完整性、系统性，还要重视对学生专业应用能力的培养，使之与社会职业岗位需求相契合，以培育学生突出的专业应用能力为核心，由学科知识型人才培育向应用能力型人才培育转变，适度拓展汉语言文学专业人才的“广”和“博”，加大专业人才就业口径，提高其就业竞争力。

（二）进行汉语言文学专业课程体系设计

在汉语言文学专业教学的应用性改造过程中，要从三个层面进行设计：从宏观层次上进行专业课程体系的设计，使之能够成为具体课程设置的统领；从中观层面上进行专业课程体系的设计，着眼于专业课程体系中各学科知识模块的分解和细化；从微观层面进行专业课程体系的设计，注重各模块对应的课程设计。总体来说，汉语言文学专业课程体系的总体设计要以专业应用能力为纲、以专业应用能力为主线，进行学科专业知识模块及其具体课程的设计。

汉语言文学专业应用能力可以从专业基础能力和专业岗位能力两个方面来加以培育，并且这些应用能力要设置与其相对应的具体课程和实践环节。

（三）创新改造以专业应用能力为核心的教学模式和方法

在汉语言文学专业教学应用性改造过程中，要紧紧围绕汉语言文学专业的专业基本能力、专业岗位能力培育方向进行改造，从教学内容、方法、手段、课程资源、课程评价等方面，探索学用结合的汉语言文学专业应用性教学模式和方法。

打造汉语言文学专业教学的精品课程，组建“中国现当代文学作品”课程组，创建以“应用性、地方性、开放性”为特色的汉语言文学专业教学内容体系，研读中国现当代经典名著，注重审美体验性阅读和理性分析，以培养学生的文本解读能力和审美鉴赏能力。课程组要全面推行“在学习中研究”，引入地方现当代著名作家作品教学资源，引领学生参与地方文化的研究，还要开展“在实践中应用”的教学，让学生参与到地方文化名人资源、地方文化旅游资源开发等文化产业项目之中，实现理论知识与现实实践应用相结合的教学。

另外，还要积极探索汉语言文学专业应用性教学的创新方法，要以学生为主体，探索互动讨论式、探究式、质疑式、合作式、情境式等不同的教学方法，实现师生共同参与和双向互动，以问题带动学生进行思考并获取知识，倡导运用现代信息化多媒体教学方法和手段，使单调的文学课程教学课堂变得鲜活生动，使学生在典型、丰富多样的感性材料中提升自己的人文素养。例如，在“中国现当代文学”的课程教学之中，可以采用多媒体信息化教学方法和手段，使课堂更为立体化、形象化和情感化，使学生积极体悟文学的魅力，提高学生的审美能力。同时，还要全面落实实践教学的创新方法，要根据汉语言文学专业教学单元的具体模块进行实践操作。例如，在“中国现当代文学”的教学之中，文学思潮篇单元要让学生进行课堂主题讨论，并在课后查找资料、撰写读书笔记，以掌握不同文学思潮、流派的文学观念和发展特点；中长篇小说单元可以让学生在“阅读、思考、讨论、总结”的过程中体会作家的语言特色、叙事风格和艺术特点，提高对作品的审美分析和问题解决能力；短篇小说单元可以让学生进行课前评述、精品赏析和小说改编等实践活动，了解现代短篇小说的主题风格及演变历程；现代诗歌单元可以引导学生练习写诗，以提升学生的想象能力和情感掌控能力；现代散文单元可以开展课堂赏析、写作练习、课外采风等实践活动，提升学生的审美感受；现代话剧单元则可以让学生自演、自导经典剧目的片段，把握话剧的艺术要素，领会话剧的语言、表演艺术、人物角色及情感表达等内容。

（四）建构多样化专业实践平台，完善专业实训课程体系

汉语言文学专业教学的应用性改造要建构多样化的专业实践平台，搭设起汉语言文学专业知识和专业应用能力之间的桥梁，要面向专业岗位群建设开放性的实习实训平台，充分链接学院和党政企事业、新闻传媒、文化公司等单位，设置“基础教育论坛”和“院企合作论坛”等平台，聘请专业资深人士进入到院校，开展实训指导，以丰富学生的未来职业经验，提升学生的就业竞争力。

汉语言文学专业教学的应用性改造还要以建构和完善应用型汉语言文学专业实训课程为着眼点，实现第一课堂、第二课堂的有机融合。具体建构方式和内容主要包括以下方面的内容：

立足于专业核心能力，确保实训课程与行业需求相对接。汉语言文学专业实训课程要遵循强化专业核心能力和对接行业需求的原则，培养学生对汉语的理解能力和运用能力，提升汉语言文学专业学生听说读写的能力。

开设相应的实训类课程并予以强化，如口才训练课程、写作训练课程、公关礼仪课程、活动策划课程、调查与分析课程、网页设计与制作课程等。

重构实训课程内容。要以汉语言文学专业教学的应用性改造为切入点，实现对实训课程内容的重构。具体来说，口才训练课程教学内容可以分解为“心理训练”“朗诵训练”“仪态训练”等内容，并将其重心放在实用训练项目，如“演讲口才训练”“辩论口才训练”“面试口才训练”“谈判口才训练”“社交口才训练”等，并要关注情境的实战训练。写作训练课程教学内容可以分解为“论文写作训练”“公文写作训练”“文学创作训练”等实训项目。还可以将其细化为“文献综述写作训练”“调查报告写作训练”“报告文学写作训练”等，并遵循命题布置、当堂写作、写作点评、修改等步骤和流程进行实用性训练，增强学生的写作应用能力和水平。

改革专业教学评价体系，实现实训课程评价指标的多元化，以更好地增强实训效果。例如，调查与分析的活动策划实训课程就可以让学生以不同的调查任务为对象，设计调查问卷，并实施实地访谈、数据分析、调查报告撰写及提交等，教师可以根据学生提交的调查报告进行专业教学评价。学科竞赛和学生社团活动的实训课程可以让学生进行自主策划和实施，开展演讲比赛的选手选拔、“礼仪先生”的评选等活动，并与写作训练和公关礼仪课程相联结。教师则可以将学生提交的活动策划书作为专业实训教学评价的指标，对于表现优秀的作品则可以给予相关课程免考等奖励，以更好地激发学生参与实训课程的热情和兴趣，增强实训效果。

（五）促进“双师型”师资建设和发展

在汉语言文学专业教学的应用性改造过程中，还要提升实训条件，提供必要的实训场地和设备，并加强“双师型”师资力量的建设。要使汉语言文学专业的教师深入到岗位实际，利用实习和实践基地，体验秘书、记者、编辑等不同岗位的工作性质及特点，了解社会不同岗位的实际需求，以更好地增强汉语言文学专业教学的针对性和应用性。同时，还要引入资深的业内人士进入到校园，为教师和学生提供行业最新需求和规则，以丰富、生动的事例吸引学生，较好地提升汉语言文学专业教学的实训效果，提高专业教学的应用性。另外，还要注重对汉语言文学专业教师人才培养理念的更新，要使教师树立学科意识和职业意识并存的思想，充分发挥教师的个人优势和特长，开展学科学术职业岗位群的建设和发展，并到企事业单位进行挂职锻炼，成为具有综合素养的师资力量。

汉语言文学专业教学要实现自身的思维转换，要从学科和职业两个方面进行应用性教学，实现汉语言文学专业教学课程的重构和应用性改造，通过教学内容、教学方法的全面建构和优化，提升学生的汉语言文学专业教学实践应用能力。

第五节　传统文化在汉语言文学专业教学中的应用

我国相关高校的汉语言文学专业教学应根据当前国际社会的发展形势，承担起弘扬传统文化的时代重任，授课教师应充分利用传统文化的宝贵教学资源，向学生灌输“文化自信”的学习理念，把学习传统文化与讲授汉语言文学专业知识相结合，在提升学生传统文化修养的基础上，把学生培养为自觉弘扬传统文化、振奋民族精神的行动者。

一、传统文化与汉语言文学专业的关系

（一）提供了宝贵的教学资源

根据教学目标，我国汉语言文学专业就是要培养出“具备汉语言文学理论基础、有一定文学理论素养、具备对汉语言的运用能力、精通汉语言文学知识的高级应用型人才”。这种培养目标就注定了相关高校汉语言文学专业在加强汉语言专业知识讲授的基础上，还应拓宽知识讲授范围，从源头上提升在校学生的文学与文化素养。我国拥有五千余年的悠久文明，传统文化为汉语言文学专业提供了宝贵的教学资源，不论是各家的重要思想，还是经典的文学作品等，这些博大精深、源远流长的文化，都是汉语言文学专业的教学资源与素材，对提升在校学生的文学素养大有裨益。

（二）可以培养传播中华文化的国际型人才

随着我国综合实力的不断提升，中国与世界各地的文化交流越来越频繁，全世界对精通中华传统文化的专业人才的需求数量持续增加。在这种环境下，我国相关高校汉语言文学专业可以加强传统文化的讲授力度，让在校学生接受传统文化的熏陶，从而培养传播中华文化的国际型人才。

二、传统文化在汉语言文学专业教学中的具体应用策略

（一）精选出传统文化研究类的专业教材

高校教学工作的正常开展、教学效果的提升，离不开高质量的教材，教

材是学习专业知识的基础。在我国高校汉语言文学专业的教学过程中，要想充分挖掘传统文化元素，让传统文化与专业知识教学实现有益结合，授课教师必须精选出传统文化研究类的专业教材。在传统文化研究领域中，一些学者推出了大量教材，授课教师必须注意甄别，精挑细选，挑选出质量最优、适合学生实际情况的教材。当前，研究传统文化的优秀教材大体可以分为两种，一种是侧重于普及传统文化基础知识类的教材，结合中华文明的发展历程，根据历史分期或不同的发展周期对一些文化、艺术、建筑、民俗习俗等相关知识进行分析；另一种类型的教材更加注重对传统文化的研究与分析，教材内容稍显深奥，侧重对不同类型的传统文化知识进行深入分析。教师可以根据学生的实际情况来选择教材，如果学生的传统文化根基比较薄弱，就可以选择第一类教材；反之，如果教师所教学生的基础普遍较好，就可以选用第二类教材。

（二）充分利用信息化教学手段

在我国高校汉语言文学专业的教学过程中，授课教师要想把传统文化知识原汁原味地讲解出来，难度较大，这对授课教师的要求也很高。同时，学生对传统文化课程的期望也很高，希望听到知名学者对传统文化的讲解。因此，教师必须实施教学改革，积极采用信息化教学手段，充分利用网络资源来提升教学效果。信息技术的发展为信息化教学提供了便利，授课教师可以利用网络资源，给学生播放相关视频，让学生聆听知名学者的讲解；教师还可以充分利用慕课、翻转课堂等信息教学方式，让学生学习知名教授推出的微视频课程、专题讲座、公开课等，从而开阔学生的知识视野，加深学生对传统文化知识的认知与理解。

（三）组织学生进行大量课外阅读

在汉语言文学教学中，受到文学典籍难度和课堂时间的限制，学生难以在课堂中充分领略传统文化的内涵与风采。因此，教师要组织学生开展课外阅读，并且提供给学生优秀的课外书籍，鼓励学生在课下自主阅读经典作品，感知传统文化的魅力，提升个人的文化修养和道德素养，明确自身的行为与思想准则，进而满足时代对人才的要求。

（四）充分利用名胜古迹进行实践教学

名胜古迹具有较强的文化元素和历史含义，是集人文景观和自然景观于一体的历史建筑，是传统文化的建筑凝聚和历史缩影，具有教育价值和精神含义。因此，教师在开展教学中，要结合当地的教育资源，组织学生参观当地的名胜古迹，进而让学生亲身体会我国传统文化的价值与内涵，使其受到潜移默化的文化熏陶。

（五）利用传统节日组织学习与讨论活动

中国传统节日，是中华民族悠久历史文化的重要组成部分，每一个传统节日都具有其特殊的情感寄托。因此，教师要注重利用传统节日组织教学与讨论活动，带领学生了解节日背后所蕴含的文化内涵，进而提升学生的文化自觉和民族认同感。

参考文献

[1] 郭立新．新时代网络语言对汉语言文学发展的影响及思考 [J]．环球首映，2021（1）：2

[2] 李靖雨．网络时代汉语言文学经典阅读策略 [J]．作家天地，2022（2）：62-64

[3] 李新．关于汉语言文学的语言意境研究 [J].2021（2017-23）：43-44

[4] 王春晓．浅谈网络语言对汉语言文学发展的影响 [J].2021（5）：34

[5] 罗布志玛．论新媒体时代汉语言文学经典阅读新体验 [J]．中文科技期刊数据库（文摘版）社会科学，2024（1）：8-11

[6] 王一朱．新时代网络语言对汉语言文学发展的影响 [J]．中关村，2022（8）：102-103

[7] 阮桂华．汉语言文学对优秀传统文化传播的推动分析 [J]．小说月刊（下半月），2023（8）：97-99

[8] 师海英．浅谈多元化教学方法在初中汉语言文学教学中的应用 [J]．中文科技期刊数据库（全文版）教育科学，2021（7）：1

[9] 赵婧．汉语言文学教学研究——评《汉语言文学导论》[J]．语文建设，2021（17）：1

[10] 陶幼璐．汉语言文学在文化传承中的价值研究 [J]．文存阅刊，2023（3）：139-141

[11] 朱峰．汉语言文学与传统文化意义的融合研究 [J]．语文课内外，2021（15）：362-363

[12] 王佳．网络语言对汉语言文学发展的影响探究 [J]．作家天地，2021（36）：75-77

[13] 王晶晶，金子．探析汉语言文学中语言的审美意境 [J]．文存阅刊，2023（18）：40-42

[14] 李焕．汉语言文学中语言的运用和意境研究 [J]．爱人，2022（14）：130-132

[15] 陈国元．新文科背景下汉语言文学专业的实践性研究 [J]．湖北开放职业学院学报，2022，35（6）：3

[16] 朱峰．汉语言文学中语言的意境及其应用方法研究分析 [J]. 新一代：理论版，2021（2）：55
[17] 孙伟．论汉语言文学中语言的审美意境 [J]. 国家通用语言文字教学与研究，2021（11）：2
[18] 段御宇．地域文化融入汉语言文学的意义及途径 [J]. 中学地理教学参考，2023（15）：6
[19] 李永刚．中国古代文学创作的技巧理论阐述 [J]. 作家天地，2023（14）：10-12
[20] 朱峰．后现代语境下汉语言文学专业教学模式创新 [J]. 新一代：理论版，2021（7）：2
[21] 唐彩玲．小学汉语言文学教育的现状与优化探究 [J]. 今天，2023（21）：48-49
[22] 谢琴．职业院校汉语言文学的教学现状和审美教育 [J]. 快乐阅读（下旬刊），2022（4）：88-90
[23] 盖书慧．高校汉语言文学教学现状与建设探索 [J]. 中国科技经济新闻数据库教育，2022（10）：4.
[24] 王蕾．中职汉语言文学教学现状及对策分析 [J]. 2021（4）：560
[25] 王继刚．浅析中职教育中汉语言文学教学现状与策略 [J]. 山海经：教育前沿，2021（35）：140
[26] 薄丽．审美教育在汉语言文学教学中的有效运用 [J]. 汉字文化，2023（8）：186-188
[27] 白龙．网络环境对汉语言文学发展的影响作用 [J]. 文学教育（下），2023（9）：39-41
[28] 刘红梅．培育“立言者”，创新汉语言文学教学模式——评《潘新和谈语文教育》[J]. 语文建设，2023（1）：3
[29] 闫婧．初中语文学科汉语言文学教学模式的创新与思路 [J]. 新作文：教研，2023（5）：163-165
[30] 格桑德吉．课程思政教育理念下的汉语言文学教学思考 [J]. 国际教育论坛，2022，4（2）：174-176
[31] 易能静．汉语言文学教学模式创新思路分析 [J]. 文学教育（上），2023（1）：96-98
[32] 张洪娟．新时期高校汉语言文学专业教学模式的转变思考 [J]. 中文科技期刊数据库（全文版）教育科学，2022（2）：3
[33] 聂玉柱．小学语文汉语言文学教学模式创新思路分析 [J]. 中国科技经济新闻数据库教育，2021（4）：1

[34] 莘丽敏．网络环境下汉语言文学教学模式的探析 [J]. 中文科技期刊数据库（全文版）教育科学，2021（1）：1

[35] 袁巧，孙荣．基于微课模式的汉语言文学教学研究 [J]. 佳木斯职业学院学报，2023，39（7）：91-93

[36] 尤淑静．汉语言文学专业远程教育个性化教学模式分析 [J]. 前卫，2023（15）：92-94

[37] 夏肖蓉．高校微课模式下的开放性汉语言文学教学 [J]. 现代职业教育，2021，（011）：162-163

[38] 陈青云．翻转课堂模式下的汉语言文学教学策略研究 [J].2021（1）：352

[39] 李玲瑾．中职汉语言文学教学中的师生互动模式研究 [J]. 善天下，2021（10）：142-144